ECUPL
1952-2022

法治追梦人

陈鹏生

教授访谈录

人民出版社

责任编辑:江小夏
封面设计:胡欣欣

图书在版编目(CIP)数据

法治追梦人:华东政法大学五位法学家访谈/
　何勤华 等 著. —北京:人民出版社,2022.11
ISBN 978－7－01－025300－8

Ⅰ.①法…　Ⅱ.①何…　Ⅲ.①华东政法大学-法学家-访问记-
　现代　Ⅳ.①K825.46

中国版本图书馆 CIP 数据核字(2022)第 222634 号

法治追梦人

FAZHI ZHUIMENGREN

——华东政法大学五位法学家访谈

何勤华 等　著

人 民 出 版 社 出版发行

(100706　北京市东城区隆福寺街99号)

北京中科印刷有限公司印刷　新华书店经销

2022年11月第1版　2022年11月北京第1次印刷
开本:880毫米×1230毫米 1/32　印张:24
字数:500千字

ISBN 978－7－01－025300－8　定价:112.00元

邮购地址 100706　北京市东城区隆福寺街99号
人民东方图书销售中心　电话 (010)65250042　65289539

陈鹏生

1932 年 12 月 2 日—2022 年 3 月 29 日

男，汉族，福建南安市人。华东政
法大学功勋教授，全国杰出资深法学
家，无党派人士，原华东政法学院副院
长。曾任上海市政协第六届、第八届、
第九届委员兼社会法制委员会副主任，
全国高教自学考试指导委员会委员，中
国法律史学会副会长、执行会长，儒学
与法律文化研究会会长，司法部《中国
司法鉴定》杂志主编，上海南美经济与
法律研究所所长，上海法学家与企业家
联谊会常务副会长，上海友联无形资产
评估事务所所长，厦门大学校友会上海分会理事长等职。

长期从事中国法律史的教学和研究工作。主讲中国法制史、中国法律思想
史、中国法文化发展史等课程。独著、合著、主编《陈鹏生法学文选》《简明中国
法制史》《儒家法文化与和谐社会》《儒家思想与现代道德和法治》《走向二十一
世纪的中国法文化》等著作 10 多部。担任国家重点社科项目《中国法律思想通
史》（近代卷）、《中国法制通史》（隋唐卷）和上海重点社科项目《上海法制发展
战略研究》主编，其中《中国法制通史》获国家图书奖。在《中国法学》《法学研
究》《学术月刊》《法学》《法学季刊》等刊物发表论文 70 多篇，其中多篇论文被
《新华文摘》《人大复印报刊资料》转载，多篇论文获司法部、上海社科优秀论文
奖。1994 年被中华全国归国华侨联合会评为"为八五计划十年规划做贡献"活
动先进个人。2004 年被授予华东政法学院功勋教授称号。2012 年，获中国法
学会全国杰出资深法学家称号，在人民大会堂由中央领导亲自授牌。1991 年入
选《中国当代名人录》。1995 年入选《中国当代名人大典》。2003 年《人民日
报》以《陈鹏生天生是热血》为题作专版介绍。2010 年福建《闽南儿女》一书以
《常怀忧民之心，恪尽爱民之责》为题专文介绍。2017 年《今日中国》一书以《当
代中国积极推动儒学与法文化研究有重要影响的学者》为题专文介绍。

以心血和智慧服务法治中国建设

——华东政法大学70周年校庆丛书总序

华东政法大学成立70周年了！70年来，我国社会主义法治建设取得一系列伟大成就；华政70年，缘法而行、尚法而为，秉承着"笃行致知，明德崇法"的校训精神，与共和国法治同频共振、与改革开放辉煌同行，用心血和智慧服务共和国法治建设。

执政兴国，离不开法治支撑；社会发展，离不开法治护航。习近平总书记强调，没有正确的法治理论引领，就不可能有正确的法治实践。高校作为法治人才培养的第一阵地，要充分利用学科齐全、人才密集的优势，加强法治及其相关领域基础性问题的研究，对复杂现实进行深入分析、作出科学总结，提炼规律性认识，为完善中国特色社会主义法治体系、建设社会主义法治国家提供理论支撑。

厚积薄发七十载，华政坚定承担起培养法治人才、创新学术价值、服务经济社会发展的重要职责，为构建具有中国特色的法学学科体系、学术体系、话语体系，推进国家治理体系和治理能力现代化提供学理支撑、智力支持和人才保障。砥砺前行新时代，华政坚定扎根中国大地，发挥学科专业独特优势，向世界讲好"中国之治"背后的法治故事，推进中国特色法治文明与世界优秀法治文明成果交流互鉴。

"宛如初升的太阳,闪耀着绮丽的光芒"——1952年11月15日,华东政法学院成立之日,魏文伯院长深情赋诗,"在这美好的园地上,让我们做一个善良的园工,勤劳地耕作培养,用美满的收获来酬答人民的期望"。1956年6月,以"创造性地提出我们的政治和法律科学上的成就"为创刊词,第一本法学专业理论性刊物——《华东政法学报》创刊,并以独到的思想观点和理论功力,成为当时中国法学研究领域最重要的刊物之一。1957年2月,学报更名为《法学》,坚持"解放思想、不断进步"的治学宗旨,紧贴时代发展脉搏,跟踪社会发展前沿,及时回应热点难点问题,不断提升法学研究在我国政治体制改革中的贡献度,发表了一大批高水平的作品。对我国立法、执法和司法实践形成了重要理论支持,在学术界乃至全社会产生了巨大影响。

1978年12月,党的十一届三中全会确定了社会主义法制建设基本方针,法学教育、法学研究重新启航。1979年3月,华东政法学院复校。华政人勇立改革开放的潮头,积极投身到社会主义法制建设的伟大实践中。围绕"八二"宪法制定修订、土地出租问题等积极建言献策;为确立社会主义市场经济体制、加入世界贸易组织(WTO)等提供重要理论支撑;第一位走入中南海讲课的法学家,第一位WTO争端解决机构专家组中国成员,联合国预防犯罪和控制犯罪委员会委员等,都闪耀着华政人的身影。

进入新世纪,在老一辈华政学人奠定的深厚基础上,新一代华政人砥砺深耕,传承中华优秀传统法律文化,积极借鉴国外法治有益成果,为中国特色社会主义法治建设贡献智慧。16卷本《法律文明史》陆续问世,推动了中华优秀传统法律文化在新时代的创造性转化和创新性发展。在全国人民代表大会制度、互联网法治理论、社会治理法治化、自贸区法治建设,以及公共管理、新闻传播学等领域持续发力,华政的学术影响力、社会影响力持续提升。

党的十八大以来,学校坚持以习近平新时代中国特色社会主义思想为指导,全面贯彻党的教育方针,落实立德树人根本任务,推进习近平法治思想的学习研究宣传阐释,抓住上海市高水平地方高校建设契机,强化"法科一流、多科融合"办学格局,提升对国家和上海发展战略的服务能级和贡献水平。在理论法学和实践法学等方面形成了一批"立足中国经验,构建中国理论,形成中国学派"的原创性、引领性成果,为全面推进依法治国,建设社会主义法治国家贡献华政智慧。

建校70周年,是华政在"十四五"时期全面推进一流政法大学建设,对接国家重大战略,助力经济社会高质量发展的历史新起点。今年,学校将以"勇担时代使命、繁荣法治文化"为主题举办"学术校庆"系列活动,出版"校庆丛书"即是其重要组成部分。学校将携手人民出版社、商务印书馆、法律出版社、上海人民出版社、北京大学出版社等,出版70余部著作。这些著作包括法学、政治学、经济学、新闻学、管理学、文学等多学科的高质量科研成果,有的深入发掘中国传统法治文化、当代法学基础理论,有的创新开拓国家安全法学、人工智能法学、教育法治等前沿交叉领域,有的全面关注"人类命运共同体",有的重点聚焦青少年、老年人、城市外来人口等特殊群体。

这些著作记录了几代华政人的心路历程,既是总结华政70年来的学术成就、展示华政"创新、务实、开放"的学术文化;也是激励更多后学以更高政治站位、更强政治自觉、更大实务作为,服务国家发展大局;更是展现华政这所大学应有的胸怀、气度、眼界和格局。我们串珠成链,把一颗颗学术成果,汇编成一部华政70年的学术鸿篇巨作,讲述华政自己的"一千零一夜学术故事",更富特色地打造社会主义法治文化引领、传承、发展的思想智库、育人平台和传播高地，更高水准地持续服务国家治理体系和治理能力现代化进程，更加鲜明地展现一流政法大学在服务国际一流大都市发展、服务长三角一体化、服务法治中国建设过程中的新作为、新担当、新气象，向学校70年筚路蓝缕的风雨征程献礼，向所有关心支持华政发展的广大师生、校友和关心学校发展的社会贤达致敬！

七秩薪传，续谱新篇。70年来，华政人矢志不渝地捍卫法治精神，无怨无悔地厚植家国情怀，在共和国法治历史长卷中留下了浓墨重彩。值此校庆之际，诚祝华政在建设一流政法大学的进程中，在建设法治中国、实现中华民族伟大复兴中国梦的征途中，乘风而上，再谱新章！

郭为禄

叶　青

2022 年 5 月 4 日

目　　录

一、求学经历 …………………………………………… 1

二、在淮南工大的二十年 ……………………………… 6

三、在华政教书育人 …………………………………… 12

四、家国情怀,无怨无悔 ……………………………… 22

附录　陈鹏生法学论文精选 ………………………… 30

1

一、求学经历

问①:陈老师,我们都非常敬仰您在法律史专业上取得的成就,也非常好奇您是怎样一步步成为一名优秀的法学家的,能请您为我们讲述一下童年的生活经历吗?

1932 年 12 月,我出生在福建郑成功的家乡南安,我的出生地南安九都镇那里,卓云山高耸,鹏溪水流长,我因鹏溪而得名。

我自幼丧父,姐弟两人全靠母亲抚孤成长,先是移居香港,后到厦门鼓浪屿,直至日军即将入侵厦门,才回到南安九都故乡,在九都读小学。这时,母亲叶秀莲虽目不识丁,但对培养子女很用心,专门请了一位清朝

---

① 采访人:陈宇超、庞蕾。

的举人住到家里来教我读古文和练书法。每天清早起床后即背诵古诗文,悬腕练大字。自小对古文和书法打下了较好的基础,因此,小学时就经常为村里的人写门联、写婚庆条幅。

小学毕业后,就到泉州市培元中学读书。培元中学是美国人安礼孙先生倡办的一所教会学校,在福建很有名气。本来初中毕业后应升入培元高中继续学习,但当时看了报上介绍,由著名侨商陈嘉庚创办的厦门集美中学,环境优美、名师云集。正如集美校歌所唱:"春风吹和煦,桃李尽成行。"于是相约几位同学,慕名结伴报考集美高中,结果我和另一位同学被录取了。我们从厦门乘上电船到达集美,一看集美中学正面临海,背后是一大片林木茂盛的平原。集美校址广大、校舍恢宏、高楼丛立,学校无围墙、无大门,和校外的大地连成一片。我们到达时正是夕阳西下,集美的浔江上已是半江瑟瑟半江红,景色极美,令人心情大为舒畅。

集美学校倡导思想自由、独立思考。教师中有不少来自北方,不但学识渊博,而且见解趋新,课堂上常能听到老师振聋发聩的观点。加之同学中有不少人加入地下党组织的外围团体,我们时常能听到一些对时势的评议。大家朝夕相处、相互激励,对我的思想影响很大。那时我们自己出版通讯、出版情报、议论是非、指谬揭漏。在这种环境的渲染下,同学们大多对时局有较清晰的了解和判断。这对我们离开集美后的为人处世很有帮助。

后来由于母亲患肺病,我不得不中途离开集美,回家到培元高中续学。那时候闽南一带正处在解放前夕,泉州市进驻不少国民党的军队。泉州几所高中联合起来组成一个学联会,我是培元高中的代表,参加学联的领导,时常带领同学,偷偷地到处张贴标语,骂国民党,揭发丑闻。这事被学校知道后,就决定开除我们几个为首的同学。正当其时,泉州解放了,国民党军队全部开跑了。培元高中也被迫暂时停课,对我们的处分就不了了之了。这时培元中学地下党的老师就带领我们学联几位同学去参加解放厦门的支前工作,直到培元高中复课,才回校参加了高中毕业考试,算是高中毕业。那时正是 1950 年 8 月间。

问:您的中学生活丰富多彩,那高中毕业后您就考取了大学吗? 您的大学生活又是怎样度过的呢?

1950年闽南多地解放有先有后，高考不实行统考，由多校自行分散举行。我们当时只能搭军车到省城福州参加省招生的高校考试。我虽然被私立协和大学和省立医学院录取了，但因路远、交通不便，只好放弃。在家没事，因为自己是共青团员，就到市少先队去当义务辅导员。到1951年，厦门解放，厦门大学招生，才报考厦大法律系，8月入学。厦大法律系当时在全国是很有名的，许多著名的法学家都到厦大法律系任教，如民法的李景禧、法理的陆季藩、刑法的柯凌汉、法制史的陈朝璧等，都是显赫于国内的法学家。入学不久，我们学生就被组织到厦门郊区去参加土地改革，我还荣立了三等功。因为在中学时代我就喜欢写作，不时在地方报刊上发表作品。进入厦大后，就参加了厦大通讯社，为《厦门日报》和《福建日报》写通讯、写小品，并被缅甸的《仰光人民报》和香港的《大公报》聘为通讯记者，为他们报道闽南侨乡的新气象，以至于许多厦大人都误以为我是厦大中文系的学生。

问：那么后来您又是怎么入学到华东政法大学的呢？

1953年8月，当时全国专业院校实行院系调整，华东的厦大、复旦、南大、东吴等高校的法律系都并到了上海新成立的华东政法学院。厦大一个班四十多人于1953年8月全部并入了上海的华政继续学习。很可惜的是,由于"左"的思想影响,厦大多位名牌教授全部重新分配,一个也没有跟我们到华政来。而华政以新成立的政法院校为名,来上课的没有一位教授,全部是各部门的领导,如公安局局长、劳动局局长、税务局局长等。他们讲的是政策,是多方面的行政法令,而不是多门课的理论基础。为了适应新中国刚成立对政法部门的急需,我们的大学四年制的课程压缩成三年,就于1954年8月正式大学毕业了。毕业后,我被上海市人民检察院选中,因有一定写作能力,被分配到研究室工作。

二、在淮南工大的二十年

问：工作后，陈老师您又是怎么度过您的青年时期的呢？

大学毕业后的 1955 年到 1957 年初，正是新中国处于一个群情激昂的年代，青年人都在为自己的理想和抱负勤勉工作、锐意向上。那时候，我夜间休息时和周休日，都泡在图书馆，用心看书或写东西，不断在《解放日报》《文汇报》《新民晚报》上发表文章。从《逮捕拘留条例》这类理论文章，到《戴盆何以望天》的小品，直至《洗冤追凶》之类的通讯特写。后来又在《文汇报》上开辟法制专栏，系统宣传法制；在上海人民广播电台开设法制专题讲座，我因此被评为上海报刊一等宣传员奖。那时候，一道从华政毕业出来的同学，周休日常来和我聚会，意气风发地交谈。我记得曾在小报上发表一首小诗,抒发当时年轻人的心情。

> 萦绕着一阵阵清香与凉风,我们浸沉在无限的快乐之中。年轻人呦呦,行健不息当自强,我们聚是一团火,散是星星满天空。今朝醉得大家脸通红,试问,有谁了解这些连珠笑响中的神仙醉翁。

到了 1960 年初,市检察院有一位参加党组的领导,要调回安徽淮南市任工业大学党委书记。他对我的情况比较了解,对我说,淮南是新工业开发区,力劝我趁现在还年轻,跟他到淮南工大去工作,将来还是有前途的。我当时想问题比较简单,想想换个地方工作也好,就欣然答应了。没有想到,淮南这个地方,我一待就是二十年。

问:那陈老师您到了淮南工大后又都做了哪些事呢?

淮南市是我国著名的煤矿生产基地,上海市的用煤,淮南是主要供应地之一。淮南煤矿工业大学是中央煤炭部主管的,经费比较充足,师资来自全国各地,力量比较强。我到校之后,自己选择了教学工作,担任政治理论课和语文教学。

　　不久,我对淮南和安徽的情况渐渐熟悉之后,又开始写文章了。经常为当地的《淮南日报》和《安徽日报》写稿。当然不是法律方面的文章,而是时评、政论或有感而发的杂文,还写了不少影评。

　　后来,"文革"时期,学校也不怎么上课了,我就和六位同事一起去大别山上去接受再教育。大别山是安徽省和河南省交界的崇山峻岭。我们落户在1927年革命大暴动的老根据地金寨县。这里群山逶迤,叠峰高耸,人迹稀少,早年出了许多红军,有不少人成为红军的领导人,因此被称为红军县,县里有许多地方被称为红村,是安置老红军的村庄。

　　我们登上海拔两千多米高的大别山顶,宛如置身云端。我们住的茅草屋,四顾无人烟。方圆几十里,没有街道、没有店铺,只能跑到很远的地方才能找到一家小店买盐,或用上海带来的东西与老乡换鸡蛋。不幸的是,我们刚来的第一年春节,为了赶在下雪天前回家,早早就艰难地下山。不料在冬天一个刮大风之夜,邻近的一家油炸作坊里的火星随风飘荡,在我们住的茅草屋上突然燃起火,把茅草屋烧着了,屋里的东西全部烧光,连只吃饭的碗也没留下。及至我们春节后回来,只能对着一堆余灰发呆。后来,还是靠公社发给我们布票、棉花票,才渐渐把必须的家用东西补起来。这时,公社把我安排到山上一个1927年革命大暴动作为据点的大庙上去住。大庙建在高高的山上。每天下午四五点钟以后,从庙里的窗户向十几丈深的山底下看,常常可以看到虎与狼在下面叫,我们戏称这是与虎狼为伍。

在山上,没有街、没有店,弄不到吃的,后来老乡就教我们打狗,请老乡帮忙杀,狗皮归老乡,我们吃狗肉。老乡还教我们在一大片闲着的山坡上种黄豆、种南瓜,不用浇水施肥,把收成的黄豆磨成豆腐,泡在冰凉的山泉水里,可以放半个月到二十天都不会坏。而南瓜可以做菜,做成南瓜饼,南瓜籽还可以炒来吃。这样生活就逐渐安定下来。

过一段时间,我们感到高山上只有零散的小规模的小学,没有一所中学,就想利用下放老师的知识资源,帮助山上办一个中学。这个建议得到公社的支持,在大庙原有的办学基础上,加进下放的老师,把初级中学办起来。这很快受到山上远近多地老百姓的欢迎,老百姓把自己的孩子都不分远近地送到这里来读书。

因为山路远，又要防止虎狼蛇的侵害。学校在大庙修几间宿舍，让远地的学生住校，到周五提前放学，让学生安全到家。有一次夜里，大庙下面的住家失火，因为都是茅草房，火势发展很快，我就带着住校学生拿着脸盆、水桶前去救火。茅草房的屋顶很高，眼看相连的茅草屋火势要引向邻居，我赶快拿来一根长毛竹，靠在屋檐爬上去，想把火势阻断，没想到房梁已被烧断了，我从屋脊上掉下来，右手腕骨被弄断了。后来到县医院打上石膏，回家住了一个多月。现在我们办的这所初级中学又发展为金寨县颇具规模的职业学校，我后来还为学校捐建了一个校门，并为其题写了校牌。

在大别山上待了两年多，高校陆续复校了，我们也就先后被召回。大别山里真是山好水好人更好，两三年相处，与老乡结下深厚的感情。走时，不但是所教的学生，还有山里的老伯、老太，都成群结队，走了几十里路来依依送别，他们的真诚和淳厚，给我们一行人留下难以忘怀的记忆。

问：相信大别山金寨县的父老乡亲不会忘记您的贡献的。在回到淮南工大后，您的工作有什么变动吗？

回到淮南工大，一方面给本科开政治理论课，主要是教哲学;另一方面又被任命为附属中学的校长。在附中任校长,又兼了一个高中毕业班的班主任和语文课。那时候,高考刚刚恢复,语文数学是重点,我辅导毕业班复习语文时,先后两年指导学生就"攻关"和"画旦"做作文练习,没想到这两个题目和高考的作文题都十分相近,学生和家长都欢呼雀跃,一时间传为佳话。后来,我带的一个毕业班三十多人,有近二十名考取大学,包括上海的复旦、交大和纺织工学院。至今三四十年过去了,这些学生还经常和我保持联系,不远千里专门跑到上海来看我。他们中间有的人已是复旦大学、中国人民大学的教授了。

三、在华政教书育人

问:在您的帮助下,他们一生的命运改变了,当然会铭记在心,您是一位优秀的教师。那后来您又是怎么回到华政的呢?

光阴驰速,转眼华政又复校了。我于1981年初被调回华政,这离1960年离开上海,整整二十年。

回华政时,徐①、曹②两位院长找我谈话,都认为我发表过不少文章,有一些写作能力,华政《法学》杂志即将复刊,希望调我到《法学》工作。但是,我在淮南从事教学工作多年,一心想继续教学。商讨到最后,让我到法制史教研室从事中国法制史教学工作,同时又

---

① 徐,即徐盼秋(1916—2001),1979年6月至1984年4月任华东政法学院院长、党委副书记。

② 曹,即曹漫之(1913—1991),时任华东政法学院副院长。

兼任《法学》的编辑工作。离开法学二十多年,而此时又从头开始,真如我所说,是扬帆起航。我夜以继日地发奋前行,如饥似渴地攻读,专心致志地钻研,不断地写出学术文章。对于上课,来者不拒,既为本科生上法制史课,又为研究生开法律思想史课,还应成人教育的要求,为成人教育班开课。由于课程负担太重、压力太大,弄到胃五个加号大出血,不得不在医院住了一个多月。

这时候华政急于让《法学》复刊。当时北有《政法研究》,南有《法学》,"文革"后都待复刊。但司法部十分谨慎,一直在犹豫之中。我就和院办主任张传桢直飞北京去争取。我们想办法先找张友渔和陶希晋两位法学大家,想请出两位法学界的大佬来影响司法部。但是不得其门而入。要见这两位分别是全国人大法制委主任和副主任的大家,都被办公厅阻拦。后来曹漫之副院长写信给老战友海军李司令,请其帮忙,我和张传桢才乘坐上李司令的专车,好不容易进入人大,找到两位大家。幸而两位大家十分热情,由我和张传桢当场写出他们表示支持《法学》复刊的文章,立即签名,让我和张传桢拿到司法部,司法部才点头,批请上海市分管宣传的市委书记夏征农签字,总算让《法学》复刊。

这时候全国法学刊物很少,且都是双月刊或季刊。我和张传桢则主张办月刊,信息量大,运转快,可打开局面,几经争论,终决定《法学》作为全国第一个法学月刊正式出版。《法学》一复刊,就以较大的理论勇气,大胆结合法制建设中的重大理论问题开展讨论。1983年,与中国社科院法学研究所联合举办"文革"后首次法学理论研讨会,主题就是第一次大胆地提出"在我国建立法律体系和法学体系的问题"。后来,我担任华政副院长,又分管《法学》,我和《法学》主编张传桢感到,在我国,公、检、法部门依法协调发展才对。但实际上,却存在一些不协调的地方。于是,想发起一次法制协调发展的讨论。可是方案上报到市里,有些领导却认为法制本来就是协调的,不用讨论。当时上海原市委书记陈丕显调到中央担任分管政法的书记处书记,我和张传桢征得华政书记、院长的同意后,就将这个协调发展讨论的方案直报陈丕显同志,没想到陈丕显同志很快就亲笔批示下来,认为这个讨论很有意义、很有必要,建议法学界踊跃参加讨论。这个批示在

《法学》上发表之后，一时全国多地法学界纷纷来稿参加讨论，对公、检、法的协调发展产生了明显的促进作用。

我认为：政治离开不了法律，没有法律的政治是危险的政治。党的十一届三中全会以后，我国理论研究又揭开了新的一页。理论界率先发起一次摆脱个人崇拜约束的思想解放运动。提出"实践是检验真理的唯一标准"，人们打开了摒弃教条、崇尚真理的闸口；法学界也冲出小生产传统观念的藩篱，提出发展社会主义商品经济，给牵动全局的社会主义改革以强大的思想武器。可是，到了1986—1987年间，法学界的拨乱反正不彻底，一直在"左"的思想影响下，在"阶级斗争为纲"的圈子里打转。当时法学界有些人认为，突出政治，就是应该把政治强调到可以冲击一切、代替一切的荒谬地步。而所谓的政治，就是阶级斗争。所以，服务并决定于政治的法律，就只能以阶级性作为自己唯一的客观规定性，以"阶级斗争的工具"作为自己的唯一职能，有感于法学理论的滞后，我写出了《没有法律的政治是危险的政治》一文，在《法学》上发表。尽管当时有人劝我不要发表或暂缓发表，我都坚持文责自负,力主发表。发表后压力虽然很大,但影响也很大,许多报刊都予以转载。

问:那在此期间有没有哪个案子给您留下了比较深刻的印象呢?

我和《法学》主编张传桢还利用《法学》作为揭谬纠错的阵地,先后为一些重大的错案鸣冤纠错。较突出的为天津市的戴振祥案鸣冤。此案发生在 1988 年改革开放初期。戴振祥是清华大学毕业生,在天津市科协的号召下,创办了天津东方应用技术开发公司,他接受了三十多个单位的委托,与他们联建四十三幢混砖住宅楼,给几十年来一直住在危简房屋中的三千多户居民解困。当时作为天津市的创举,名扬一时。可没想到,一年后楼房已建到四层,戴振祥却被作为投机倒把的罪犯处理。公司被解散,戴振祥被判四年徒刑。判决一宣布,震动很大,有的法官公然辞职拒审,有的律师满怀正义,坚决作无罪辩护。这时,《法学》记者李志刚正好在天津,就将材料带回来讨论,大家认为是典型的错案。于是,《法学》以《民间组织经营商品房构成投机倒把罪吗?》和《来自天津的呼声》两篇文章公开披露此案,引起全国许多法学家和读者的强烈反应,纷纷来信来稿参加讨论。但天津法院仍坚持错判,《法学》对此案从1988年跟踪到1993年,经历许多曲折,最后通过最高人民法院审核,终于裁定天津法院重新审理,最后宣告戴振祥无罪,予以纠错。《光明日报》《法制日报》《文汇报》等十多家报社,都从不同的角度,详细地作报道,针砭时弊,反映了人民的心声。后来,《法学》就以《功与罪之争》为名,在学林出版社出版了专集,总结了对这一错案处理的教训。

问:老师您对《法学》复刊及后续发展贡献卓著,您在教学工作方面又做出了哪些改革举措呢?

1985年8月,在研究生和部分教师的推荐下,经司法部和上海市委教委和党委的审核,由司法部正式宣布,任命我为华东政法学院副院长,主管教学、科研、以及外事和成人教育。我在党委领导下,一方面,进一步将综合性的法律系拆开,分别成立法律系、经济法系和国际法系,促进教学结构体系的科学化。另一方面,大力培养青年教师,将原来普遍由高龄的老教师担任教研室主任的,全部配备优秀的年轻教师担任副职,逐步担负起教研室的领导工作。领导全校开展教学评估,促进教师教学工作的努力向上,把少数难以胜任教学工作的教师换下来,重新通过备课、试教,创造条件,由教研室考核合格后再上课。这时候,还利用扶持基金,选拔了一些有培养前途的青年教师出国留学,为学校建设起一支优秀的教师队伍。

问:陈老师您对华政的贡献巨大！您后来又做了哪些事呢?

1986年全国开展对干部的法制教育工作。我应邀首先对市委、市政府、人大、政协四套班子作法制报告,当时江泽民、芮杏文、吴邦国、黄菊等同志都参加。我结合干部的法律意识,重点挖了干部的特权思想,给大家留下深刻的印象。接着,又对全市的局级干部作了法制思想教育,这在当时全国属首例,《人民日报》作了专题报道。

1986年,教育部任命我为全国高等教育自学考试指导委员会委员。1986年12月,由市高校高级职称评审委员会通过,授予我教授任职资格。我自1986年起,被推荐为上海市政协第六届委员兼法制委员会常务副主任。之后的第七届因出国讲学暂停。1992年从日本讲学回来,继续担任第八届、第九届委员兼法制委员会副主任。

1987年,我应邀前往美国伊利诺斯大学作一个月的短期讲学,并到维拉诺瓦大学和华盛顿大学访问,作学术报告,会见美国高校法学院联盟主席及美国律师协会会长,就华政接受美国委托办暑期中国法律培训班作进一步沟通。美国高校承认培训班学员的学分,以提高学员的学习积极性,推进了学员管理的制度化。美国学员都以自己是华政的校友而自豪,华政领导和老师访美,有的学员还佩戴华政校徽到机场迎接。

1989年,在时任上海市市长汪道涵的倡议下,成立上海南美经济与法律研究所,属民间组织,归市里管,我被任命为所长。主要工作是组织民营企业到南美投资,先后组织两次企业家赴南美参观访问,并受到玻利维亚总统的亲自接待。

1987年初,在时任市长汪道涵同志的建议下,我成立了上海企业家法学家联谊会。起因是不久前我主管的《法学》在金山举行了一个全国法学学术讨论会,主题是法律为经济服务,这是针对当时社会上有一股把法律与经济对立起来的模糊认识而召开的。会议通过十分激烈的争论,最后才取得法律应该为经济服务,而经济应该依靠法律正确发展的共识,这在当时是很不容易的。会后,汪道涵同志认为应该将会议的成果巩固下来,建议成立一个民间组织,推动法律为经济服务常态化。于是由我与华政院长史焕章、《法学》主编张传桢共同发起,经过认真筹备,终于在1987年初,于上海展览馆正式成立上海企业家法学家联谊会。

这种联谊会在全国当属首例。上海的许多大、中型企业都纷纷加入,如宝钢、金山石化、江南造船厂、上海飞机制造厂等,都是第一批的基本会员单位,影响很大。当时的北京、南京、天津等地都纷纷派人前来取经,表示回去也要成立这种联谊会。一开始,上海周围的城市都希望办成上海联谊会的分会,跟着上海的总会走。上海联谊会就在南通、吴江、宁波、厦门等地先设分会,本市也成立长宁分会,每年都由上海总会和各分会召开合作会议,推动联谊会的整体工作。后来根据管理的规定,认为像联谊会这样的组织不能办分会,才在大家的要求下,改分会为秘书长联谊会,要求各分会自己自主自理,以秘书长联谊的形式保持联系。

联谊会成立后,组织法律界为企业做了不少宣传,帮助处理各类疑难案件,组织法律学习班,沟通银行贷款,并组织到外地参观学习,包括两次到美国参观访问。还组织和沟通了投资、融资工作,为企业邀请各方面的领导来宣讲法律和政策,一时间加入联谊会的达几百人。

四、家国情怀,无怨无悔

问:我们了解到陈老师创立了中国儒学与法文化研究会并担任会长长达二十年,至今仍有巨大影响,可否请您为我们讲述一下创立儒学与法文化研究会的故事呢?

1990年,中国法律史学会在杭州开年会,我鉴于儒家思想对中国历代法律影响既深又广,直至今天仍然有许多痕迹,应该成立一个专门组织加以研究。于是在常委会上提出成立"儒学与法文化研究会"的建议。后来常委会回北京以后又做了专门研究,并报经民政部门批准,于1990年正式成立儒学与法文化研究会。公推我为会长开展活动。我先后到香港、台湾及日本和菲律宾等地,和当地的孔孟学会、弘儒学会、孔学学院、日本法文化研究中心、日本文化发展基金会等建立了合作交流关系,先后在中国的无锡、黄山、开封、威海、南京、厦门等地联合召开了有关儒学与法文化的学术研讨会,每开一次会,就出一本文集,成为中国第一个儒学与法文化研究文集系列。有的书在中国和日本同时出版发行,影响颇大。这个研究会带动和激发了一大批中青年学生对儒学与法文化研究和探索的积极性,我也深受大家的拥护和爱戴,连任会长达二十年。后来在我的坚持下,才改任终身名誉会长。

1991年,我被载入中国当代名人录;1994年,被载入中国当代名人大典。1991年10月,我受聘到日本神户学院大学任客座教授一年,为研究生和青年教师讲授东方法律史和东方法律思想史两门课。我的深入浅出和旁征博引,把这两门较为深奥的涉史课程讲活了,深受学生的欢迎,课后总是有许多学生围着发问和交流。日本是一个崇尚儒学的国家,日本的朋友知道我兼任中国儒学与法文化研究会会长后,常常邀请我去作有关儒学思想文化方面的报告。我利用这种机会,广泛结交了许多日本政治、经济和文化方面的朋友。当时日本的国务大臣、环境厅长官林大干先生对儒学很有研究,我们经常在一起交流,成了好朋友。后来我将他引见汪道涵、朱镕基,商谈中日在环保方面的合作问题。日本的大型企业常在五甲山上这些十分幽静的深山野林里举办培训班,让企业的中、高级管理人员学习儒家思想文化。他们也常邀请我上山讲课。这种培训班故意搞得十分简朴,不论身份高低,全都睡双架木板床,大家盘腿席地而坐听讲。老板们办这些培训班,目的是让大家学习儒家的忠诚思想,要对企业忠诚全一、不能旁想、不能跳槽,效果颇好。日本的大企业家三浦先生还通过与我的接触,成立了日中经济文化发展基金会,请汪道涵和我做顾问,促进日资到中国来投资。我举办儒学与法文化的学术研讨会,他多次带领日本代表团来参会,他称赞"陈鹏生是中国推动儒学与法文化研究的旗手!"日本讲学归来,我在华政首次成立法文化研究所,并招收法文化研究方向的研究生。

问:陈老师不但在学术上取得了十分优秀的成绩,在推动上海经济发展方面也发挥了巨大的作用,请您和我们说一说吧!

1994 年,由我牵线搭桥,日本经全联、著名证券集团野村证券等经济界的著名团体,联名邀请汪道涵同志由我陪同，访问日本。受到日本前首相竹下登的热烈欢迎，并就中日环保事业的合作，进行了一系列商讨与沟通，最终引领日本有关代表团到北京拜会时任国务院副总理的朱镕基，就中日环保事业的合作进一步沟通。

我国改革开放到了 1994 年，已进入一个新的历史时期，眼看我国市场经济蓬勃发展，我敏锐地感到，无形资产的价值已越来越重要。但是社会上对其关注不够、认识不足，致使无形资产大量流失。于是经过多方筹备，在市政协老领导的倡议和支持下，成立了上海首家无形资产评估事务所。市政协领导王兴任董事长，我任所长。我们团结了一批学界和业务骨干，刻苦钻研，潜心研究，勇敢地闯进这个全新的领域，使无形资产评估事务所业务蒸蒸日上，一时名噪上海。随后，评估了上海大众、上海电机以及闻名国内外、发行量达两百多万份的《小主人》报等著名商标的品牌，《人民日报》《光明日报》以及上海各报都报道了我们的评估讯息。这时候，为了及时传播评估信息和评估经验，以促进无形资产评估这一新生事物，我克服重重困难，在全国办起了第一个《资产评估与财富》杂志，对开展无形资产评估的交流和促进无形资产评估事业的发展,起到积极推动作用。

问:陈老师您这些年贡献卓著,都获得了哪些荣誉呢?

鉴于几十年来对法学教育工作的特殊贡献,1993年我荣获国务院特殊贡献津贴。我多年来对侨务工作作出许多贡献,为国家引进许多侨资,于1994年荣获上海侨联爱国奉献奖,1995年荣获全国侨联爱国奉献奖。我自1981年回华政后,即从事中国法律史的教学和科研,成绩突出,教学上备受赞誉,科研上得到许多奖项,获得重振国家图书奖,部级和市级优秀写作奖,受到业内同行的尊敬和赞扬。1990年,经推举成为中国法律史学会第四届副会长和儒学与法文化研究会会长。1998年被推举为中国法律史学会第六届会长。

2001年,司法部创办《中国司法鉴定》杂志,特聘我为主编,我在人少业务重的情况下,勤奋工作,短期内就创下发行量达6000份的业绩。连续兼职十年,成绩受到多方面的充分肯定。从1994年起,我还长期被聘为市法院、市公安的廉政监督员,为市法院和市公安的廉政建设做了一些贡献。

2003 年,我年过七十才离开教学岗位,正式办理退休手续。这一年 11 月 7 日,《人民日报》以一整版的篇幅,以《陈鹏生:一生是热血》为题对我进行了采访报道。2004 年,华政为表彰我长期以来对教学、科研和行政工作作出的重大贡献,特于上海国际饭店举行隆重的颁奖仪式,授予我功勋教授的荣誉称号。2010 年,福建省在中国文史出版社出版文集《闽南儿女》,以《常怀忧民之心,恪尽爱民之责》为题,专文报道了对我的采访。一些报道都予以转载,认为这是闽南人的荣光。一些青少年时代和我是同学的人,都由此找到线索,和我又联系上了。

2011 年底,适逢我八十生日。华政的领导和我的学生们,特在上海展览馆的一个宴会厅,举行了我从教四十周年八十大寿纪念会。华政的多位领导及来自各方面的学生六十多人齐聚一起,大家通过自编的赞歌朗诵等形式,向自己的老师表达内心深深的敬意。我在热烈的掌声中说:八十人生,最深的一点体会,就是人活着一定要有梦,有梦才有激情、有追求,梦没了,人也就淡漠了,还有意思吗?

2012 年,中国法学会经过十分审慎的评议,评出全国二十五位对中国法制建设和中国社会主义法学理论体系建设作出杰出贡献的老法学家,授予"全国杰出资深法学家"的荣誉称号,我为其中一位,并且是当时上海唯一的一位。授牌仪式在北京人民大会堂,由中央领导亲自颁授奖牌。中国法学会会长指出,"全国杰出资深法学家"代表中国法学界最高荣誉,是中国法学界最重量级的奖项,旨在激励广大中青年法学法律工作者,以老一辈法学家为榜样,继往开来,开拓创新,繁荣法学研究,推进依法治国。

2017年,在国内国际都享有盛誉和具有重要影响的《今日中国》杂志(领导人常用来赠送外宾的礼物)将我评选为"影响中国法治建设进程的百位法学家"中的一位。并以《当代中国积极倡导和推动儒学与法文化研究具有重要影响的学者》为题,对我作了专题介绍,详细评述了我自1990年创意成立中国儒学与法文化研究会并担任会长二十年来,在国内外广为联络多地研究儒学的学校及有关组织,先后在中国多地召开近十次学术研讨会,每会出版一套纪念文集,有力地推动了儒学与法文化研究的发展。特别是激发了许多中青年学者的研究激情。我克服了许多困难,使这个研究会成立至今,仍然香火不断,学术研讨会还是生机蓬勃地一直开下去。

我自 2003 年退休以来,教学上退休了,但在生活上找到了另一个起点。除了继续担任学会的领导之外,我又兼任了《中国司法鉴定》杂志的主编十年,应邀到著名集团企业东方国际担任独立董事十年,到名扬全国的兴业银行担任高级顾问十年,厦门大学校友会上海分会理事长十年,连上海的福建商会也曾聘我为高级顾问,为福建闽商办了许多事而被授予突出贡献奖。我虽然年已八十七了,还身挂许多社会工作,每周上班三天,看来,我的"梦"是一直要做下去的。

弹指一挥间,八十多个春秋,风风雨雨的人生长途,我就这样走过来了。不过,我自己身体还可以,年近九十的人,还在做自己力所能及的事情。我深深地感悟,人生就应该像无波古井水,低调地、坚实而默默地往前行。只要能做到超然物外,就必然宠辱无惊、养生宽心。我把过去的一切都放在时代的大背景下来思考,使之都成为家国情怀,无怨无悔,让自己真正做一个行于可当行、止于所当止的人,夫复何求?

附录　陈鹏生法学论文精选

马克思主义与法制史研究

法制史作为法律学科的重要分科,正越来越被人们重视。明古以知今,我们要正确地借鉴法制史上的经验教训,以完善社会主义法制,就必须坚持用马克思主义的理论指导法制史研究。中国古代的法律制度,有丰富的典籍、资料和几千年从未中断的发展沿革。在浩瀚的历史资料中,有精华,也有糟粕;我们从事法制史的研究,倘若不坚持马克思主义理论的指导,听任糟粕的传播,就会给社会主义法制建设带来有害的影响。

马克思主义经典作家曾经明确地提出过要用唯物主义指导历史的研究。19 世纪 90 年代,恩格斯在批判德国青年中出现的公式主义思潮时,就曾经明确提出:必须"把唯物主义方法当做研究历史的指南"①。后来列宁在论述历史发展的理论时,又进一步强调,坚持马克思主义理论指导,才有可能找到"把历史当做一个十分复杂并充满矛盾但毕竟是有规律的统一过程来研究的途径"②。事实也说明,只有在马克思创立了历史唯物主义理论之后,包括法制史在内的历史研究才摆脱了剥削阶级的种种偏见和狭隘性,成为真正的科学。但是,我们的问题,恰恰是在实际研究中自觉或不自觉地偏离了这一指南,使新中国成立多年来,中国法制史研究工作虽然取得相当的进展,但仍然受到很大的局限。无论是史料的搜集整理,还是理论的阐述,以及规律性问题的探讨,都亟待深入地开展和研究。中国封建社会曾经出现过像"文景之治""贞观之治"等令人瞩目的繁荣发展历史时期,法治无疑是政治的重要原因之一,但我们研究二者的关系、性质往往罗列现象,缺乏理论分析,难以从中得到规律性的认识。在分析历史上的法律制度时,也往往套用现成的观点,以

---

① 《马克思恩格斯文集》第 10 卷,人民出版社 2009 年版,第 583 页。
② 《列宁选集》第 2 卷,人民出版社 1972 年版,第 586 页。

抽象的概念代替创造性的论断。类似的问题是很多的。因此,为了开创法制史研究的新局面,我们今天应该特别强调用马克思主义指导法制史研究。

一

用马克思主义的理论来指导法制史研究,首先要解决的是理论指导和史料整理考订的关系问题。法制史的资料不但涉及漫长的年代、繁多的典籍,而且由于事事直接关系统治者的是非褒贬,特别容易受到意识形态的影响。这里有取精用宏的归纳概括过程,也必然有大量搜集、整理、考订和辨伪的工作。史料作为法制史研究的基础,无疑是十分重要的。但是,前人搞法制史研究,往往视史料的整理考订为治史的正宗。后来情况显然逐渐有了改变,但重史料、轻理论的倾向迄今仍然有其影响。其实,一切科学研究都是在一定的思想指导下进行的,法制史研究尤其如此。史料是基础,理论是认识的深化。史料搜集、整理、考订只是研究法制史的必要手段,而绝不是目的。我们的目的在于通过对史料的整理研究去揭示法制发展的规律,以有助于正确地认识历史,指导现在。在法制史料的整理、考订工作中,如果没有正确的理论指导,即使把法制史有关的人物、事件和典章制度一个个都考订得清楚无误,还是无法确立这些人物、事件和典章制度在法制史发展的链条上所处的环节及其作用,更不可能从"这一切因素间的相互作用"中去认识法制发展的客观规律。只有靠马克思主义理论的指导,我们才能根据科学的认识论和方法论去"更深刻、更正确、更全面"地了解和运用史料,从而弄清一定的法律制度是怎样产生和变化的,以及为什么会这样产生和变化。而这正是我们研究法制史的任务所在,也是时代对我们提出的超过前人的要求。

我们应该承认,过去人们对法制史料的整理考订以及对法制发展的描述是有成绩的。但是,法制史作为一门以揭示法制的实质和发展规律为其根本任务的专史,无疑应该着眼于法制历史发展的全局,而不能满足于整理考订具体史料的微观研究上。从法制史研究的对象来说,虽然大家都认为应以法制的产生、发展变化及其规律性为主,但是,在具体的研究中,却仍然着重于法制发展的具体描述,忽略了对历代统治者是在什么样的特定历史条件下怎样运用法律实施其统治的具体研究。而恰恰是从这里,我们才能够从制约法制的整体发展诸因素的交互作用中,找到法制"历史发展的全部合力",探讨历史上统治者运用法制的成败得失,从而揭示各个类型法制的实质及其规律性。法制史研究,从认识史的角度来说,对于史料历来存在事实认识和价值认识两个方面。前者是回答真伪问题,其任务在于弄清法制的历史面目;后者是回答属性问题,其任务在于认识法制的历史地位。这两方面不但相互渗透,而且是遵循从生动的直观到抽象的思维辩证的过程,怎么能够离开正确的理论指导呢!历来史家研究历史都十分重视史识,认为"非识无以断其义"(《文史通义·史德》)。所谓史识,就是对历史进行观察、分析和判断的能力。史识高低往往决定研究成就的大小。由此可见,从思想上确立理论指导的重要地位,提高在资料整理考订中以理论为指导的自觉性,对于促进法制史研究工作的深入开展,有重要的意义。

二

从社会的经济基础出发研究整个社会,这是马克思主义的一个最基本的方法。马克思对社会的研究方法由纯政治而转变为从社会的经济基础出发,其最初的动因就是为了探索法律的实质。1842 年马克思在撰写《关于林木盗窃法的辩论》时,"第一次遇到要对所谓物质利益发表意见的难事"①当时,在马克思看来,不从社会经济关系中去解剖那个社会,法和上层建筑的一系列问题是难以说明的。这就是后来他在著名的《〈政治经济学批判〉序言》中所说的:"我的研究得出这样一个结果:法的关系正像国家的形式一样,既不能从它们本身来理解,也不能从所谓人类精神的一般发展来理解,相反,它们根源于物质的生活关系"②。对此,马克思还在其他重要的著作中一再加以论述,他反复强调:"法律应该是社会共同的、由一定物质生产方式所产生的利益和需要的表现,而不是单个的个人恣意横行。"③"无论是政治的立法或市民的立法,都只是表现和记载经济关系的要求而已。"④

从社会的经济基础去考察法的实质和历史发展,这是符合客观规律的。马克思主义历史唯物论的基本

---

① 《马克思恩格斯文集》第 2 卷,人民出版社 2009 年版,第 588 页。
② 《马克思恩格斯文集》第 2 卷,人民出版社 2009 年版,第 591 页。
③ 《马克思恩格斯全集》第 6 卷,人民出版社 1961 年版,第 292 页。
④ 《马克思恩格斯全集》第 4 卷,人民出版社 1958 年版,第 121—122 页。

点,就是从社会生活的各个领域中划分出经济领域,从一切社会关系中划分出生产关系,并以此作为决定其他一切社会关系的基本的、第一性的关系,即社会经济基础。而包括法律关系在内的其他一切关系,都是非基本的、第二性的关系,即社会上层建筑。正是这两个方面相互作用构成了社会的基本矛盾运动。掌握马克思主义唯物论这一基本点,我们才能看到法制发展史的内在关系,并据此而认识到,历史上凡是具有生命力的法制,都必定是适应当时社会经济关系的法制。包括君主在内的任何个人,"在任何时候都不得不服从经济条件,并且从来不能向经济条件发号施令"①,否则就必然会在无情的现实面前碰得头破血流。但是,我们在法制史研究中不符合马克思主义历史唯物观点和方法的现象,仍然存在。一些同志在解释历史上法律制度的产生、发展和变化时,不也往往或明或暗地归于少数统治者的立法思想,把法制的成败得失,看作仅仅是个人意志发展的结果吗?在论述封建法律时,人们历来喜欢用"法自君出"的说法,但是,"法自

---

① 《马克思恩格斯全集》第4卷,人民出版社1958年版,第121页。

君出"并不意味着封建法律就是君主"单个的个人恣意横行"的结果。事实上,君主尽管拥有最大的立法权和最高的司法权,其所产生的影响和作用也无疑是很大的,但是,君主所代表的君主专制制度毕竟是一定经济条件下的产物,君主也只能作为一定阶级或集团的代表行事,"他们的个人统治必须同时是一个一般的统治"①。

关于法制发展的动力,我们往往也只着眼于法律是阶级斗争不可调和的产物和表现,而片面强调阶级斗争的决定因素,忽视经济原动力的作用。而讲阶级斗争时也只是讲农民战争,忽视其他阶级斗争形式及其作用。这样顾此失彼,是不能全面、辩证和历史地认识法制发展的真正动因的。

在我们一些法制史专著中,忽视经济关系对法制发展的决定作用,有时是表现为离开经济条件孤立地描述法制的发展,有的虽交代了经济条件,也是一种戴帽式的硬加,并没有着重论述这种经济条件与法制发展的内在联系。还有,我们搞法制史的同志,往往对经

① 《马克思恩格斯全集》第 3 卷,人民出版社 1960 年版,第 378 页。

济史重视不够,比如,法制史专业研究生的培养计划,也很难看到关于经济史方面的内容。我们应该认识到,对各个社会经济结构的解剖,是从根本上说明法制的历史发展的关键,也是综合考察社会各种关系与法律相互作用的必要前提。如果不重视经济史的研究,法制史的研究也很难有更进一步的发展。法制史有些问题长期争论不休,也不可能得到正确解决。

三

具体历史分析的方法是马克思主义史学方法的精髓。早在《〈共产党宣言〉1872 年德文版序言》中,马克思恩格斯就明确提出分析社会问题"随时随地都要以当时的历史条件为转移"[①]。后来,列宁又强调在"分析任何一个社会问题"时,都必须"把问题提到一定的历史范围之内",这是"马克思主义理论的绝对要求"。[②] 而斯大林则进一步把这一历史观点概括为"一切依条件、地点和时间为转移",认为如果"没有这种观察社会现象的历史观点,历史科学就会无法存在和

---

① 《马克思恩格斯文集》第 2 卷,人民出版社 2009 年版,第 5 页。
② 《列宁选集》第 2 卷,人民出版社 1995 年版,第 375 页。

发展"，甚至将"变成偶然现象的糊涂账"，"变成一堆荒谬绝伦的错误"。① 我们正是在马克思主义这一科学方法指导下，深入地研究各个历史时期法制发展进程中的具体人物、事件和制度，从法制史上扑朔迷离的现象中揭示法制发展的内在联系和本质。

具体性是事物普遍具有的性质，人类历史的鲜明特点之一，就在于它的具体性。从中国法制发展的历史来说，尽管时间漫长，典籍浩瀚，但作为一种历史，它总是在具体的时间、地点和条件下，由具体的人物、事件和制度所构成的。这些人物、事件和制度，虽然具有许多共同点，但是马克思主义具体历史分析方法告诉我们：第一，法制史上的人、物、事，即使是"惊人的类似"，也仅仅是"类似"，而仍然互有差别。第二，事物发生的时间、空间、条件不同，历史提出的任务也不同，真理和谬误的具体内容也就不尽相同。我们在评价法制史上的人物、事件和典章制度时，也只有以时间、空间和条件为转移，作具体的历史分析，才能正确地确定事物的性质，掌握客观标准。封建社会有许多重要政

① 《斯大林文集(1934—1952年)》，人民出版社1985年版，第206页。

策原则,如重本轻末等,对封建法律的发展影响很大,但在不同时期作用就有所不同。再如,法律是多好还是少好,是宽好还是严好,就不能一概而论。汉初刘邦以秦王朝"尚刑而亡"为教训,约法三章、与民休息,曾取得一时治国安民的良好效果;而三国时诸葛亮治蜀,面对前朝纲纪不振、权贵专横造成世风颓涣的现实,就没有采纳法正关于仿效刘邦省法宽刑的建议,而是严明法治,重振纲纪,使蜀国大治。可见评价法制史上统治者法治措施的好坏成败,一定要放在具体的历史条件下来分析和考察。我们还往往为了是非褒贬以警戒来者,在评价法制史人物和事件时,便有意无意地以现实斗争的倾向和需要去影响具体的历史分析,对历史事实加以主观的引申和解释,搞比附为现实服务。同是一个曹操,批判权术时,骂曹操是奸贼,全部予以否定;提倡重视人才,又大赞曹操的唯贤是举,俨然成了贤君。关于封建法律法定主义问题的争论也是如此。当人们为了强调依法办事的需要,就竭力地去肯定封建法律的法定主义,用历史生硬地联系现实,务期以古促今;而当人们批判以权代法的现象时,又会转而揭露封建法律的专擅主义和特权主义实质,目的也在于以古喻今。这种做法,其用心好则好矣,但科学性却大成问题。于是,法制史研究中就出现了这种怪现象:同一人物,同一事件,同一制度,评价与时俱变,前后是非褒贬大相径庭,以致一本书才出,就要大加修改。这证明研究法制史,没有正确的一致的理论原则作指导,就会造成混乱!

（原载《法学季刊》1984 年第 3 期）

市场经济的培育与法律文化的重构

当前我国正在实现由计划经济向社会主义市场经济的转轨,市场经济的发展,引起了诸多社会关系的变动:一方面向现实法制的滞后性不断提出新的挑战;另一方面又合乎逻辑地为法律的发展提供种种契机。我们要实现的社会主义市场经济的基本目标是实现经济与社会的现代化,其主要特点是以大规模生产为基础,以增进社会福利为目标,以保持经济发展的连续性为出发点,这就决定了我们和西方国家最初搞资本主义古典的完全自由竞争的市场经济不相同,我们要搞的必然是由国家的干预和政府的宏观调控而形成的市场经济。因此,从我国的国情出发,我们应该特别重视市场经济与法律的协调发展,充分认识到现代化的市场经济,必须走市场经济法制化的道路。在当前,我们迫切需要研究的重要课题之一,就是市场经济的培育与法律文化的重构问题。

在市场经济的培育过程中,强调从法律文化的视角去研究和考察法治环境,这不仅是适应当代世界各国法律文化研究方兴未艾的大趋势,更重要的是对我国法制现实有很强的针对性。"文化大革命"以后,我国在拨乱反正基础上,提出对社会主义法制的基本要求,即有法可依,有法必依,执法必严,违法必究。应该说,改革开放以来,我国法制遵循这一要求,发展是举世瞩目的,社会主义法律体系初步形成,无法可依的情况基本上有所改变。但是,时至今日,有法不依、有法难依、执法不严、违法不究的情况几乎所在皆有。如果我们从法律文化的角度去考察,就不难发现其中蕴涵着的深层原因,就是我们的法制仍残留着旧体制的人治的深重烙印。一方面是法制跟不上现实发展的需要,留下许多空白和缺陷;另一方面是作为意志化了的经济关系准则的法律,在人治思想支配下实际上往往成为弹性的东西。而人治在集权体制的坚强保护下,又总是以政治原则和政策原则作为神圣的载体而得以通行无阻,使弹性的行政措施能够公然地代替法律的制度化的程序,以致人们习惯成自然。这种法制的现实状况说明要使我国法制走出人治的误区,进入与市场经济发展要求相适应的法治境界,必须从法律实践的全过程进行宏观上的整体调控,这里既有法律物质文化的问题,更有法律精神文化的问题,只有从法律文化的宏观角度,包括立法、执法、司法和法律意识、法律心理、法律观念乃至法律教育等各方面进行有机协调和整治,才能创造出有利于培育市场经济的法律文化环境来。

中国历史的主要特点之一,就是以农业为基础的血缘民族制非常之长,发展特别完备。而儒家把古代民族政治意识形态化,使之成为非常顽固的东西,长期以来对中国历史和文化产生深远的影响,法律文化亦然。因此,我们在培育市场经济的过程中,要建设与之相适应的现代法律文化,首先就有一个在深刻的历史反思基础上,进行法律文化重构的任务。

传统法律文化突出地表现在法观念上与市场经济发展主要是背道而驰的。儒家主张人治,强调内圣、外王、修身、治平的关系,认为只要统治者做到修身、正心,便可以"无为而治"地齐家治国平天下了。这种主张完全偏重统治者个人的自我约束而轻视程序化的法律制度的建设。旧社会的统治者一方面竭力鼓吹以伦理化、人格化的道及空泛的仁、义信条代替严格的法律规定;另一方面又从家族主义出发,强调上下左右尊卑贵贱的宗法传统,把统一规范约束化解为地方性的或家族式的清规戒律,这实际上是把法律变成维护父权、君权的灵活性、实用性手段,貌似无为实则是随心所欲、无所不为。在家国相通、君父一体的人治体制下,人们的价值取向是权大于法,违反长官意志比违反法律要严重得多,因而有法不依、执法不严便成为一种传统。今天,现实生活中仍然存在的以言代法、以权乱法和法不侵贵等现象,无不可以从这种传统法文化中找到根源。然而,这种法文化传统毕竟和市场经济的法治要求格格不入,市场经济必须是法制经济。我们今天正在培育的市场经济,要求的是一种法治的宏观管理。因为市场之所以产生效率,关键在于经济主体必须在一定的统一规范体系下的分权基础上进行自主行为和开展公平竞争。靠集权的强度行政干预固然与市场经济的培育不相容;而经济生活中法律规范的短缺和约束的软化,也同样妨碍市场经济的正常发育。事实上,在西方,即使是作为发达市场经济国家的政治盟主和经济"火车头"的美国,企业虽然拥有充分的自主权,但国家法律仍然严格地制约着一切企业的行为。这对我们无疑是有重要的借鉴作用的。

传统的义利观对法律文化影响至深,这对市场经济的发育是极为不利的。儒家的重义轻利观点限制了人们正当的权利需求,但儒家并非绝对地否定利的价值,而强调了个体之利要服从群体之义。这一点正好被历来的统治者加以利用,以之作为要求人民尽义务而不谈权利的精神工具。传统义利观不但将利与德、义对立,主张"正其谊不谋其利,明其道不计其功",在处理方法上,便是不以法律规范权利义务,而以道德加以规范,国家对人民之"利",前提是禁和堵,谈不上保护,这与西方立法把利益放在首位,从天赋人权思想出发,立法以利益作为调整人际关系之基础,恰好形成鲜明的对照。在这种情况下,人民视法律为禁令,只是消极地承担义务,自然也不会重视用法和守法了。传统义利观反映在法律文化上,还造成历来重刑轻民的倾向。中国封建法律史上一直是刑民不分,诸法合体,自秦至明清,除清末修律才出现一部根本没有付诸施行的民法典外,向来没有独立的民法典。社会私法观念薄弱,契约意识淡薄,而契约观念孕育自由、平等和独立,正是资产阶级宪政的渊源。可见,如何运用法律导向作用,在除旧布新的基础上,建立正确的义利观,对于培育市场经济是十分重要的。

还必须指出的是,这种传统的义利观和家族主义传统紧密相连,互为作用,构成一种影响我国经济发展和社会改革的习惯势力,往往困扰着法律的规范和改革的进程。我国从宏观到微观组织,几乎都能看到与市场经济格格不入的"家族主义"倾向。从宏观上来看,中央和地方,上级和下级,它们在经济上都不是平等的主体,它们之间的责、权、利不是以法律明确地进行规范,而是纳入一种权力管辖系统,靠政策和行政手段协调,这就必然限制和束缚地方和基层的独立自主精神,使它们无法在法律界定的分权基础上进行竞争。从微观上来看,所有企业实际上都在履行着非经济的"家庭式"功能,一方面,企业内部以"不患寡而患不均"的原则,协调着等差和平均的利益分配,这不但遏制了企业的公平竞争机制,也助长了个人的非商品经济心态,相互牵制,相互攀比,客观上加深了不利于市场经济的种种错误价值取向的发展。另一方面,企业在"家族主义"影响下,不断扩大非经济功能,从社会、政治到文化,把职工的衣食住行、生老病死几乎都包下来了,这就日益增长了职工对企业群体的依赖心理,而这种"单位家庭"式的发展,必然导致国家宏观管理的错位,使宏观管理无法在法律的统一规范下按设计的理想目标去进行。比如,按市场经济的要求,企业必须依照优化组合的原则进行并、转、停、拆,对于确实难以为继的企业应坚决按破产法办事,可是在"家族主义"影响下,国家无法承担企业破产后所带来的政治、社会问题,只好对那些已经资不抵债的企业,仍然以贷款方式包养下来。至于诸如亏本企业向银行借钱或变卖资产发奖金这类在西方国家是无法设想的怪事,则比比皆是。可见,"家族主义"给我们带来的消极影响,就像一种没有终极的环动"装置",严重地妨碍经济运行的效率和社会分配的公平,很不利于市场经济的发展。

总之,建立在自然经济基础之上,深受儒家伦理思想影响的传统法律文化,它的基本职能也在于维护和调节自然经济的发展。而实践已经证明,长期积淀、深深扎根于我国社会的传统法律文化,在其赖以生存的社会基础发生变化之后,不可能和基础同步变化,而是仍然顽固地滞留在社会的深处和人们的意识里,并不同程度地左右着人们对法律的态度。即使像日本那样已建立起现代化经济的国家,尽管法律制度上已大规模接受西方的法律,但在法律意识上仍然深受传统的影响,以致出现了近代的文字上的法律和前近代的行动上的法律并存的状况。所以,我们在进行法律文化重构的时候,要面对现实,在认真总结和反思的基础上重构。

纵观古今中外,任何一个社会的重大变革,都必须有一场思想文化的解放运动为先导。我们强调法律文化重构对市场经济培育的意义,实际上也是这种认识的延伸。我国的市场经济刚刚启动,市场经济的培育面对着物质的和精神的许多因素的困扰,在这个关键时刻,特别需要发挥法律文化对经济的引导功能,如果我们不能及时进行法律文化的重构,不改变滞后的传统法律观念,不改变市场法律约束的空白和摩擦冲突状态,市场就会畸形发育,甚至脱离我们设计的理想模式发展,以致引发重大的社会问题。

(原载《学术月刊》1993 年第 11 期)

论新时期法制建设的大目标

——兼谈法制建设的协调发展

党和国家工作重点的转移,使我国社会包括法制在内的整个上层建筑,正经历着一场极为深刻的历史变革。这一变革的实质,从根本上说,就是要解决上层建筑如何更好地适应和服务于经济基础的问题。前不久,彭真同志在召集首都新闻界人士座谈时指出,我国新的历史时期,党和国家的任务,概括而言,就是在坚持四项基本原则的前提下,实现社会主义现代化,发展社会主义民主和健全社会主义法制,建设高度文明、高度民主的社会主义国家。彭真同志站在历史唯物主义的高度,深刻地阐明了健全社会主义法制与实现社会主义现代化的辩证关系:既指明了法制必须以促进社会主义现代化为自身建设的大目标,又强调了实现社会主义现代化离不开法制的重要作用。我们只有全面地理解这一精神,才能使新时期社会主义法制沿着正确的方向前进。

一

法制面向经济建设,这是法制建设具有根本性的指导方针。党的十一届三中全会以来,我国社会主义法制在为四化服务方面,已迈出了可贵的一大步,颁布实施了一系列重要的经济法规,有力地保障和促进了经济建设的顺利发展。但是,这仅仅是个良好的开端,法制建设还不很适应经济发展的需要,人们对法制为经济建设服务这一大目标的认识也很不够。这是一个亟待解决的问题。

过去,在相当长的时期内,我们一直强调法律是阶级斗争的工具,这有具体的历史原因,特别是在剥削阶级还存在,阶级斗争还相当尖锐、复杂的历史条件下,突出法律在对敌斗争中的专政作用,这无疑是正确的,也是容易理解的,即使在剥削阶级作为一个阶级已不复存在的今天,法律在阶级斗争中的重要作用也仍然应该加以肯定和坚持。否则,我们就会丧失警惕,成为一个不清醒的马克思主义者。当前,我们运用法律武器对各类严重危害社会治安的刑事犯罪分子依法给予严厉打击,维护社会治安,已取得了显著效果,这就充分体现了法律在对敌斗争中的威慑作用。今后我们仍将运用这一武器继续同形形色色的敌对分子进行斗争,这是丝毫放松不得的。然而,由国家政权直接产生的法律,其作用和国家的职能一样,从来就不是单一的,而是既有阶级压迫的一面,又有管理公共事务的一面。国家和法律的这种本质属性,归根结底由社会需要决定。社会的物质生产构成人类活动的基本内容,人们为了进行生产必然要发生一定的联系和关系,法律则是按照统治阶级的意志和利益调整人们这种生产关系和社会关系的一种手段。因此,法律不能不具有调整经济关系的职能。它不是促进经济的发展,就会影响经济的发展。我国民事法规和经济法规长期落后于客观实际的需要,就是重要的证明。如果我们对法制功能作用持片面的看法,在全国工作重点已转移到以经济建设为中心的新的历史时期,将会使法制建设偏离为现代化建设服务的大目标,这就从根本上违背了历史规律和人民的利益。

法律作为统治阶级意志的外形"客观化"表现,必须面向经济建设,这是不以人们意志为转移的客观要求。今天随着党和国家工作重点的转移,自觉地运用法律来调整经济关系,使经济建设按照客观规律的要求发展,以达到预期的目的,则更是历史的必然。因为我们有社会主义公有制为我们提供充分运用客观经济规律的客观条件,又有马克思主义的思想指导为我们创造了自觉运用客观经济规律的主观条件,我们完全可以把经济规律的客观要求通过法律形式加以具体化、制度化,对错综复杂的经济关系进行全面有效的调整,以体现国家对社会主义经济的领导、组织和管理的职能,使之更有成效地沿着社会主义现代化方向发展。所以,我们应该努力提高以法律促进经济、以经济检验法律的自觉认识。我们在法制建设的指导思想方面能不能适应我国社会历史性的大转变,坚决地转移到以服务于经济建设为大目标的轨道上来,这将是决定我们的社会主义法制能否与新时期的历史任务相适应的关键。

有人担心,强调法制应该面向经济,是否会模糊法制的阶级内容和政治属性,这是完全不必要的。无产阶级的阶级利益、阶级政治的内容,是由不同的历史时期向无产阶级提出的不同历史任务所决定的。对此,列宁曾经很有针对性地指出:"要是用旧观点来理解政治,就要犯很大的严重的错误。"①当年轻的苏维埃国家还处在艰难的初创阶段,列宁就高瞻远瞩地明确提出:"我们走向战胜白卫分子的每一步都会使斗争的重心逐渐转向经济方面的政治"。② 其后又说:"现在我们主要的政治应当是:从事国家的经济建设,收获更多的粮食,开采更多的煤炭,解决更恰当地利用这些粮食和煤炭的问题,消除饥荒,这就是我们的政治。"③列宁的这些教导,对我们来说,既深刻又亲切。在党的十一届三中全会刚刚从路线上、思想上拨乱反正的时候,邓小平同志就以其远见卓识,及时地明确回答:把我国建设成为现代的社会主义强国,"这就是当前最大的政治"④。党的十二大又进一步提出了全面开创社会主义现代化建设新局面的宏伟纲领,新宪法(1982 年宪法)反映了全国人民这一强烈愿望,明文规定了"今后国家的根本任务是集中力量进行社会主义现代化建设"。在新的历史时期,我们把社会主义经济建设作为党和国家的主要任务,是无产阶级

---

① 《列宁选集》第 4 卷,人民出版社 2012 年版,第 308 页。
② 《列宁选集》第 4 卷,人民出版社 2012 年版,第 308 页。
③ 《列宁选集》第 4 卷,人民出版社 2012 年版,第 308—309 页。
④ 《邓小平文选》第二卷,人民出版社 1994 年版,第 249 页。

的最大政治,是由社会主义革命的根本目的所决定的。社会主义革命就是要消灭阶级,消灭剥削,最大可能地发展生产力,不断改善人民的物质文化生活,而阶级的存在是同生产力发展的一定历史阶段相联系的,只有大大地发展生产力,才能为彻底消灭阶级和剥削,不断改善人民物质文化生活创造必要的条件。我国社会主义法制在促进自己的基础朝这个方向发展所起的巨大能动作用,不但是其他上层建筑所无法代替的,而且更直接、更迅速。因此,强调法制面向经济,为经济建设服务,就是要通过它对经济的促进,使无产阶级专政从根本上得到巩固和发展。法制为经济建设服务,也就是为无产阶级专政服务。可见,坚定地确立法制为经济建设服务的思想,具有多么重要的意义。

法制面向经济,这不仅仅是立法、司法部门的事情,随着法制建设的发展,客观形势越来越强烈地向经济建设各部门提出重视和运用法制的要求和任务。当前在经济建设各部门中,仍然没有打破单纯依靠行政手段管理经济的传统观念和习惯,不重视也不懂得运用法律手段作为动力机制来促进经济的现象,还比较普遍。我们应该向经济建设部门大声疾呼:这种情况到了非改变不可的地步了。

二

法制面向经济,以服务于经济建设为自身建设的大目标,关键在于法制要和经济协调发展。凡是有生命力的,能起积极的能动作用的法律,总是和决定它的经济状况相适应而协调发展的。因为"事物的法理本质不能按法律行事,而法律倒必须按事物的法理本质行事",①并且"在现代国家中,法不仅必须适应于总的经济状况,不仅必须是它的表现,而且还必须是不因内在矛盾而自相抵触的一种内在和谐一致的表现"②。马克思和恩格斯的这些教导,极其深刻地揭示了法制协调发展的重要性及其基本内容。从法制内部和外部的关系看,其协调发展包括与经济的协调,以及自身内部结构的协调,二者是密不可分的,只有做到这两个方面的协调,法制才能从整体上充分发挥其巨大的能动作用。

---

① 《马克思恩格斯全集》第 1 卷,人民出版社 1995 年版,第 244 页。
② 《马克思恩格斯文集》第 10 卷,人民出版社 2009 年版,第 598 页。

当前,一个新的技术革命的浪潮正迎面袭来,它将通过对生产力的巨大促进,而对整个社会经济产生深刻的影响。我们要实现四个现代化,力争迅速发展和进步,在这个人类正处于新的社会生产力向前跃进时期,面对新的技术革命的挑战,就必须抓住时机,充分利用新的技术成果发展经济,缩小我们同发达国家在经济技术上的距离。因此,法制作为发展生产力的巨大杠杆,也必须适应新的技术革命的形势,同这一新形势下的经济协调发展。

运用法律手段管理经济,是现代化建设的客观要求。经济建设的发展,形成了极其复杂的生产关系和社会关系,如果没有相应的法律,行无明令,止无确禁,赏罚由心,各行其是,那我们的经济建设就会无法进行。特别是随着科技成果越来越广泛地应用于生产领域,客观上对运用法律手段管理经济的要求就越来越迫切。这首先是给立法工作提出了新的繁重的任务。科技革命要求科技、经济和社会同步发展,在取得经济效益的同时,还必须注意社会效益和环境效益,才能求得整个社会经济朝着社会主义方向健康地发展。而把人民的根本利益上升为国家意志的法律,则通过它的调整、引导、鼓励和限制,对整个经济建设起保证的作用,以防止经济发展偏离社会主义轨道。这无疑有许多新的、复杂的生产关系和社会关系需要我们运用法律手段来调整。比如,适应工业化的发展,就要注意解决生态平衡和防止环境污染的问题,这就需要加强环境保护的立法;从新技术革命的需要出发,必须充分发挥沿海地区内联外通的战略地位的特殊作用,因而对沿海的经济特区和开放城市就必须及时制定出一系列相应的管理法规;技术革命的一个突出问题是信息化,要及时地、充分地利用新的科技成果来形成一批新的产业部门,于是,就需要有一套技术性法律规范,以确认利用最新技术设备的程序、执行工艺过程的准则,以及对产品、劳动和服务质量的要求;等等。再从经济管理体制上来看,随着新的科技成果的应用,新的产业的建立、区域经济的发展、分工的专业化,必然进一步要求经济体制的改革,这种改革既要适应范围广泛、形式多样、层次复杂的经济特点而有相当的灵活性,又必须为保证社会主义方向而坚持高度的原则和必要的集中,这就要充分运用正确反映客观经济规律要求的法律规范来加以调整、平衡和约束。形势越来越清楚地表明,我国长期存在的"塔形"行政管理体制,同日益向"网状"发展的经济联系之间,其矛盾正随着现代化建设的发展而进一步暴露出来了。像步鑫生等许多"开拓"型的革新者,他们在历尽艰辛的创业过程中,一个共同的深刻感受,就是需要有相应的法律来支持他们摆脱那种官僚主义的层层束缚,以便让他们放开手脚振兴企业。所有这些都是法制建设面临的客观事实。

以上情况,使我们加深了法制必须面向经济,与经济建设协调发展的总体认识。但是,我们强调运用法律手段管理经济,把法制看作推动经济发展的动力机制,并不是主张"法律万能",在处理法制建设和经济建设协调发展的关系中,绝不能搞一哄而上、齐头并进,而应该分别轻重缓急。和经济状况协调发展的法制,是一个动态的多层次的体系。复杂的客观事物在其运动中,总是有强弱先后,而法制工作也由于基础、条件及客观要求的不同,不是平衡发展的。在一定时期,总有某些带动全局的部门,需要特别地、优先地加强。因此,衡量法制是否协调,必须以客观需要为检验的标准,一方面要看它所维护的生产关系是否适应生产力发展的需要;另一方面是看它反映的客观内容是否准确、恰当。彭真同志曾经生动地设喻说,客观实际是法律的母亲,法律是客观实际的儿子。这是我们建设社会主义法制必须遵循的一个基本原则。

根据我国现实政治和经济状况,当前法制建设的重点,无疑应该是在经济法规和民事法规方面,要充分认识运用法律手段来管理经济的迫切性,加快这方面立法工作的步伐。在具体的步骤上,又必须面对新的技术革命带来的信息,从战略上优先考虑一些带动全局的环节。比如,实现经济跳跃,迎接挑战,实际上是一场智力的革命和竞争,人们的劳动是以智力和知识为基础,而我国虽有世界上人数最多的产业大军,但知识水平和知识结构同新形势的要求很不相称,这种情况突出了知识和人才的重要性,从而也就向法制建设提出了加快制定有关保护、推广和运用创造发明,引进先进技术,以及改善人才管理,促进教育事业等方面立法工作的紧迫性。再如体制改革已成为当前直接与经济能否跳跃密切相关的全局性工作,迫切需要总结经验,制定出相应的法律来促进改革、指导改革,使体制改革更有成效地健康发展。又如,调整好生产、流通和分配之间的关系,国家既要懂得"聚财",更要懂得"生财"和"用财",这就向我们提出了改革财政税收立法的紧迫任务。此外,像健全行政法规,加强反对浪费,反官僚主义弊端的法律手段,进一步从制度上保障人民民主权利,促进民主政治的发展,以充分调动人民群众四化建设的积极性;要使法制协调发展还必须抓紧法规整理工作,建立法规整理机构和制度,解决法律与法律相互"打架"、交叉重复和矛盾的问题,以利于现行法规的贯彻实施。这些都是眼下法制建设的当务之急。总之,法制的协调发展,既要有适应经济发展趋向的总体规划,又必须立足于当前的客观实际,以重点带动一般,使法制各方面在发展中求得相对的平衡,相互协调地发展。

我们进行的现代化建设,是整个社会的现代化,其中当然包括法制建设。要使法制建设同现代化建设协调发展,法制工作也有一个适应新的技术革命形势而进行自身改革的重要任务。从立法、司法、守法到法学研究、法律教育、法制宣传等方面,都必须改变与新形势不相适应的老套套、老框框。比如,科技进步为司法工作取得社会信息提供了现代化的手段,要求司法工作者改变原来的知识结构,解决好法律专业知识与相关科学知识的关系,这就涉及司法干部的培养、训练等一系列工作的改革。同时,科学技术成果越来越广泛地应用于生产管理和公共事务管理,也给法律的适用提出了新的课题,因为法律手段的运用,实际上也是采取、实现管理决定的一种形式,而要改善法律手段运用的形式,就必须提高和发展法律手段自身的科学技术水平。不难设想,随着科技革命的发展,对法制部门的法律信息、法律监督、法律预测以及法律咨询都会带来深刻的影响,因此,面对这一新的形势,立足于改革,是法制建设中一项战略性的任务。

综上所述,我们认识到,今天提出法制必须面向经济、以服务于经济建设为自身建设的大目标,促进法制建设同经济建设协调发展,在理论上和实践上都具有深远的意义。但是,要把法制建设这一基本方针变成人们自觉的行动,则还须从各方面作出很大的努力。当前,我们应该充分认识新的技术革命形势对我国社会必将产生的影响,在法制建设上进一步解放思想,肃清"左"的残余,改变过去那种旧的改不掉、新的树不起来的情况,努力开拓新路子,开创新局面,使社会主义法制发挥更大的威力。

（原载《法学》1984 年第 6 期）

略论诸葛亮的法治观

诸葛亮是我国妇孺皆知的历史人物。他遭逢乱世，自26岁初出茅庐辅佐刘备，到53岁病死五丈原军中，前后27年间，为蜀汉制定治乱兴废大计，处置各种军国大事，展示了令人叹服的远见卓识，不但使亡命行旅的刘备重获生机，并且造就后来蜀国之大治，真是"功盖三分国，名成八阵图"。因此，千百年来，人们一直把他视若神明，深为崇敬。

诸葛亮为什么会取得大治蜀国的成就呢？一个十分重要的原因就是革除弊政，加强法治。由于整肃纲纪，施行法治，使上下有节，社会安定，保证"务农殖谷"的顺利进行，为南征北伐提供物质条件。《三国志·蜀书·诸葛亮传》中说，"诸葛亮之为相国也，抚百姓，示仪轨，约官职，从权制，开诚心，布公道；尽忠益时者虽仇必赏，犯法怠慢者虽亲必戮；善无微而不赏，恶无纤而不贬"。这可以说是对诸葛亮法治思想的概括评述。观今且宜鉴古，历史启迪后人。今天，正当我们大力加强和健全社会主义法制的时候，对诸葛亮的法治经验和法治思想加以探讨,将会得到有益的启发。

诸葛亮的法治思想,在刘备首次亲躬草庐请求他出山相助时,就明显地表露出来了。当时,诸葛亮在积十年的深思熟虑而酿成的《隆中对》中,向刘备提出兴复汉室、统一中国的宏图大略。其中一个核心问题即"内修政理"。而所谓"内修政理",根本性的措施就是加强法制。诸葛亮一出山,就面临益州的混乱局势。他鉴于前政刘璋"性宽柔,无威略",以致"德政不举,威刑不肃",便十分果断地采取"当时而立法"的措施。在他亲自主持下,与法正、伊籍等人首先制定了蜀国的法律《蜀科》,公布于众,明法劝诫。但是,徒法不能自行,实施法治的关键是在有法可依的前提下,有法必依,执法必严。在这个问题上,诸葛亮继承了汉初"法者天子所与天下公共也"的观念,十分强调执法唯平,主张上下一体,不可因人而异。他常说:我的心像秤一样,不能因人而异斤两。为了"训励"官吏,"教化"将士,让他们带头执法,他还亲自制定了"八务""七戒""六恐""五惧"等条例。并且恳切规劝后主"宫中府中,俱为一体,陟罚臧否,不宜异同"(《前出师表》)。诸葛亮不但这样主张,而且身为表率，坚持执法严正公平的原则。曾被诸葛亮誉为"楚之良才"的长水校尉廖立，素称刘备的股肱，因闹情绪而"诽谤先帝，疵毁众臣"，便被诸葛亮削职为民。官拜尚书令的蜀国元老李严，是东川集团的实力派，但他在督办军粮中渎职，贻误战机，诸葛亮毫不含糊地表奏后主，把他撤职流放。至于失守街亭，依照军令斩了马谡，并明罚己过，自请降职，更是人们广为传闻的史话。这种"刑不可以贵势免"和"犯法怠慢者虽亲必罚"的法治原则，有力地保证了诸葛亮法治政策的贯彻实施。

尤为难能可贵的是，诸葛亮作为一个集军政大权于一身的封建专制统治人物，在执法中，不但行赏定罚，能注意到"赏以兴公，罚以禁奸"，而且在选用法治人才时，也能够做到"取人不限其方"，对于忠纯勤恳、确有才策的人，总是排除门户之见，不计一己恩怨，破格重用，量才而用，以"尽其器能"。蒋琬原是个七品芝麻官，当诸葛亮发现他有社稷之才时，便不以"同乡"关系避贤不举，而是密表后主定为自己的继承人。对于来自敌对营垒的魏国降将姜维，以及曾经投靠曹操而为刘备所忌恨的刘巴，都因为他们"忠勤时事，思虑精密",或颇具才略,而不加歧视和猜忌地委以重任。被诸葛亮大胆擢用的许多人,后来都成为蜀汉政治集团中的中坚人物,在施法安民、南征北伐等方面起了重要的作用。当然,历史的记载往往难免有夸张之处,但是,诸葛亮认为"治国之道,务在举贤"。特别是为了实施法治,更要注意"举直"以"措诸枉",只有任用忠实于法的官吏,才能有效地纠正违法,真正保证法的执行。这种任人唯贤,选用得力法治人才来推行法治的思想,还是十分可贵的,直到今天,它仍然不失为我们的一份宝贵的历史经验。

综上所述,我们不难看到,诸葛亮在实行法治政策之中,正是由于重视立法,坚持执法严正公平,贯彻任贤施法原则,所以取得"内修政理"的良好效果,不久便改变原来刘璋统治时期的混乱局面,使蜀汉出现"吏不容奸,人怀自厉,道不拾遗,强不侵弱,风化肃然"的大好形势。

那么,诸葛亮立法和执法所依据的是什么呢?这是我们探讨诸葛亮法治思想必须解决的一个关键性问题。

在诸葛亮的整个法治观中,"审势"是基础。诸葛亮立法与执法，都是以"审势"为依据的。所谓"审势"，就是对社会状况和政治斗争形势进行深入观察和分析，以此作为立法和执法的客观依据与实行法治政策的基础。倘若"审势"不当，就会出现偏差，使宽严失当，纲纪失节，危害极大。诸葛亮从少年时代起，就十分注意考察群雄纷争的形势演变，探求治乱兴废的大计。《隆中对》就是他对"天时""地利"和"人和"等主客观因素进行长期考察、分析的结果。出山之后，他之所以断然采取法治政策为治蜀之要，也是出于对当时益州形势的缜密观察和分析。加强法治是针对刘璋的"政令多阙""威刑不肃"的弊端提出来的。所以，当法正批评他"刑法峻急"，并援引刘邦"约法三章"的成功经验劝他"宽刑省法"以抚民心时，他一针见血地反驳法正这种脱离现实斗争形势，机械搬用历史经验是"知其一，未知其二"。诸葛亮说，当时刘邦入咸阳，是针对"秦以无道，政苛民怨，匹夫大呼，天下土崩"的情况，才实行宽法，以使民休养生息。而刘备入川，面对的情况却是"刘璋暗弱……德政不举，蜀土人士，专权自恣，君臣之道，渐以陵替；宽之以位，位极则贱，顺之以恩，恩竭则慢。所以致弊，实由于此"。因此，必须"威之以法""限之以爵",方能做到"荣恩并济,上下有节",整饬纲纪,严肃风化。

诸葛亮在法治上不盲目因袭历史经验,而是依据形势的变化立法和确定执法的宽严,这是他的法治观中唯物辩证思想的闪光,对后人很有启发。法律作为阶级统治的工具,总是要为统治阶级进行现实斗争服务的。但法并不能是一种主观臆造的东西,它必须服从客观形势的需要,为客观形势所制约。"当时而立法",实际上是统治阶级适应客观形势所采取的一种斗争策略。正确的"审势",就能够使执法宽严得当,有利于社会历史的发展。诸葛亮根据当时益州法纪不振、世风颓涣的实际情况,采取严刑峻法的措施,有效地打击地主豪强和官僚士大夫的专权自态,限制他们的"法外权利",促进了蜀汉的大治,这是一种历史的进步。不从"审势"与立法、"审势"与执法的辩证关系上看问题,单纯地以法的宽严定是非、划善恶,不问客观形势和历史作用如何,把宽法一律称为善法,严法一律称为恶法,这是一种形而上学的片面观点,应该加以摒弃。

如上所述,我们肯定诸葛亮的法治政策和法治思想的进步意义,这是从历史的观点来说的。诸葛亮作为处在上升时期的统治阶级,由于他对客观形势有比较正确的认识,因而他的法治思想和所采取的法治政策,在一定程度上反映了社会发展的共同要求,起了一定的历史的进步作用。但是,话说回来,诸葛亮作为封建专制时代的一位上层人物,其历史和阶级的局限性也是十分明显的。我们必须拨开种种人为的神话夸张,用历史唯物主义的观点来正确分析这位历史人物。应该看到,诸葛亮实行法治政策的出发点,与感明主的"知遇之恩"有密切的关系,其目的还是保住刘备父子的家天下。世上有孔明,还须有刘备。一个慧眼识英雄,一个奇才遇明主。诸葛亮自出山后,就成为刘家的股肱,"政事无巨细,咸决于亮"。诸葛亮正是深感明主这种"知遇之恩",出于"士为知己者用"的偏私和狭隘感情,为治理蜀国鞠躬尽瘁、死而后已。当然,从本质上说,这是和诸葛亮的阶级利益相一致的,最终目标都是维护封建地主阶级的专制统治。诸葛亮就是在自己已经功高震主的情况下,也仍然念念不忘"三顾之恩"和托孤之信,殚心尽智地辅佐无能的阿斗刘禅,为刘禅保全统治地位几十年。这一种忠君思想和他忠于封建专制制度是完全统一的。

从法治思想的渊源关系上来看,诸葛亮受韩非思想影响很深。韩非主张法治,他把论功受禄作为人类社会关系的一种合理的规律,提出一个在"法"的天平之下的平等报酬的人类关系,主张"法不阿贵,绳不挠曲","刑过不避大臣,赏善不遗匹夫",这对于反对当时氏族贵族的阿私来说,是个进步。但他把阶级社会的"法"绝对客观化了,这不但实际上不可能存在,而且,这种思想强调"以法行刑","仁之不可以为治",完全否定了"仁政"和"德治",结果是助长了"刻剥少恩"的专制主义,归根结底,还是为了加强地主阶级对人民的专制统治。诸葛亮本于韩非的法治思想,坚持执法唯平,执法唯严,这固然对于打击当时地主豪强和官僚士大夫的势力,改变颓涣世风是必要的,但是,从另一方面来说,"刑法峻急"也的确像法正所说的那样,存在"刻剥百姓,自君子小人咸怀怨叹"的情况。比如,兵讨张慕起义,进行大规模血腥屠杀,以及在荆州失守后,仍然坚持孤军作战,六出祁山,严令人民服役和负担军费,造成广大人民财破人亡的悲剧,这都是诸葛亮阶级本性的表现。我们在探讨诸葛亮的法治思

想和法治政策时,应该坚持阶级分析和历史分析的统

一,才能避免偏颇。

（原载《法学》1981 年第 1 期）

维护法制的统一和尊严是
国家长治久安的重要保证

党的十一届三中全会以来,我们党从新时期的历史特点和要求出发,运用马列主义、毛泽东思想全面总结新中国成立后正反两方面的历史经验,其中很重要的一条,就是深刻地认识到:"为了保障人民民主,必须加强社会主义法制,使民主制度化、法律化,使这种制度和法律具有稳定性、连续性和极大的权威,做到有法可依,有法必依,执法必严,违法必究。"①我国现行宪法在第5条第1款明确规定:"国家维护社会主义法制的统一和尊严",正是这一时期社会主义法制思想的集中体现,也是前三部宪法所没有的。最近,六届全国人大常委会第十九次会议通过的《关于加强法制教育维护安定团结的决定》,重申了宪法这一庄严的规定,这是很及时的,对维护国家的长治久安将产生深远的意义。

---

① 《中国共产党第十一届中央委员会第三次全体会议公报》,人民出版社1978年版,第12页。

在我们的国家里，社会主义法制是工人阶级和广大人民把国家事务制度化、法律化，确立起严格依法办事的基本原则。也就是说，我们把体现在国家政治生活、经济生活和文化生活中的民主原则，用法律形式规定下来，使工人阶级和广大人民当家作主的民主要求转化为国家的意志，并运用国家强制力保证其在整个社会中贯彻实施，在全体公民中一体遵行，从而使我们的国家制度从法律上保证社会主义性质，使国家的长治久安建立在深厚的、坚实的民主基础上。可见，维护社会主义法制的统一和尊严，反映了我们人民民主专政国家发展的必然要求和内在规律，遵守法律应是人民当家作主的自觉表现，也是每个公民必负的法定义务。根本的问题是我们要加强法制教育，对社会主义法制的性质及其在国家生活中的重要地位，要坚持马克思主义的阐述，使人民真正从思想上认识到，社会主义法制不是人民的"异己"之物，而恰恰是人民的意志和利益的体现，以提高人民维护社会主义法制统一和尊严的自觉性。

我们应该看到，维护法制的统一和尊严，作为保证国家长治久安的必要条件，这是中外古今，任何有作为的统治者都十分重视的。我国是一个文明发达很早的国家，立国历史悠久，法治经验丰富，封建社会每个王朝建立之初，无不在认真总结前朝兴衰经验教训的基础上，不失时机地开发立法修律，完善法制的活动，如刚入关的汉高祖刘邦、唐高祖李渊，以及刚平定武昌的明太祖朱元璋，都是在大局初定，还未称王称帝的时候，便开始拟律令，颁法规。妇孺皆知的政治家诸葛亮更是一开始便审时度势，针对前朝法纪不振、世风颓涣的实际情况，提出整肃纲纪、厉行法治作为辅佑刘备治蜀的一项基本国策。纵观我国封建社会 2000 多年的历史，被称为三大繁荣盛世的文景之治、贞观之治和开元之治，都是以法治为政治的重要条件。唐太宗李世民，他鉴于隋炀帝任意弃法，以意为法，招致法败国亡的教训，特别强调"理国守法、事须划一"，把能否统一而严格地执法，看作关系国家兴衰存亡的大事，不失为一个具有远见卓识的封建皇帝。历史启迪后人，封建法制的这些经验，至今仍然值得我们借鉴。

当前，在反对资产阶级自由化的斗争中，重申宪法关于维护社会主义法制的统一和尊严，这是具有很强的针对性的。由于"旧中国留给我们的，封建专制传统比较多,民主法制传统很少。解放以后,我们也没有自觉地、系统地建立保障人民民主权利的各项制度,法制很不完备,也很不受重视"。① 尽管党的十一届三中全会以后,社会主义法制的建设开始走上健康发展的道路,但我们社会主义国家毕竟还很年轻,法制的宣传教育也还有待普及和深入,因而不少人法制观念薄弱,法律意识不强,有法不依的现象仍然存在。对干部来说,主要是有法不依、执法不严。有的干部把自己置于法制之上,或法制之外,把法制看成只"管民"而"不管官",即所谓"礼遇君子,法制小人"。其实,我们的干部能不能严格地遵守和执行法律,这不仅关系社会主义法制能否统一和具有权威,而且也关系我们能否实现国家长治久安的大问题。那些"以权代法""权大于法"的人,他们所行使的权,实际上是对人民权力的逾越和滥用。这将使我们的法律失去应有的权威,使我们的政府不能取信于民,危害是显而易见的。粉碎"四人帮"以后,我们党从深刻历史教训中,认识到正确解决干部守法执法同维护社会主义法制统一和尊严

① 《邓小平文选》第二卷,人民出版社 1994 年版,第 332 页。

的关系的极其重要性。党的十一届六中全会通过的《关于建国以来党的若干历史问题的决议》中,就明确指出,必须"完善国家的宪法和法律并使之成为任何人都必须严格遵守的不可侵犯的力量"。① 邓小平同志也强调说:"谁也不能犯法。不管谁犯了法,都要由公安机关依法侦查,司法机关依法办理,任何人都不许干扰法律的实施,任何犯了法的人都不能逍遥法外"。② 回顾历史,尽管封建社会崇尚人治而轻法治,但封建统治从"治吏"以"治民"的需要出发,总是十分注意防范"法之不行,自上犯之"的弊端,因而严法督促官吏遵奉法律。唐律 502 条中,完全关于治吏的就有 150 多条。而我们是人民的干部,执行的是体现人民意志和利益的法律,那就更应该自觉地依法办事。只有干部带头守法,社会主义法制才真正有了力量的源泉。

在人民中,特别是在一部分青年中,当前一个值得注意的问题,就是有些人把加强法制和发扬民主对立

---

① 《中国共产党中央委员会关于建国以来党的若干历史问题的决议》,人民出版社 1981 年版,第 56 页。

② 《邓小平文选》第二卷,人民出版社 1994 年版,第 332 页。

起来,错误地认为法制"限制"了民主,讲民主就可以不受任何法律的约束,爱怎么干就怎么干。他们没有认识到,在我们人民当家作主的社会主义国家里,民主与法制是相辅相成的。民主是法制的前提和基础,法制是民主的保障。遵守了体现人民意志和利益的法律,也就是贯彻了民主的原则。《共产党宣言》指出:"工人革命的第一步就是使无产阶级上升为统治阶级,争得民主。"①可见,确立社会主义民主制度,这是无产阶级夺得和掌握政权的标志。而政权与法律是密不可分的,无产阶级一旦掌握了政权,就必然要把自己在政治上、经济上的要求——这里当然也包括民主的要求——转化为法律,上升为国家意志,使之成为具有普遍约束力的行为规则。离开了法制的保障,社会主义民主就只是一句空话。

当然,"法律是肯定的、明确的、普遍的规范"②,它不仅是打击敌对阶级的反抗的有力武器,也是调整人民内部关系的不可缺少的准绳。因此,为了保障社会的正常秩序,维护国家、集体、个人正当的权益,我们也

---

① 《马克思恩格斯文集》第2卷,人民出版社2009年版,第52页。
② 《马克思恩格斯全集》第1卷,人民出版社1995年版,第176页。

要教育人民知法、守法,使人们懂得什么是应该做的,什么是不应该做的,能够估计自己的行为是否合法,违犯了法律将负什么责任,从而知道有所遵循和规避。从这个意义上说,加强法制是推动社会主义精神文明建设的重要手段。列宁就曾经明确指出:"如果我们不坚决实行这个确立全联邦统一法制所必需的最起码的条件,那就根本谈不上什么维护和创立文明了。"①如果加强法制也是一种限制,那么,这种限制恰恰是为了保证人民真正享有民主和自由的必要条件。因为在我们的国家里,超越法律的所谓"民主"和"自由",就是违犯人民意志和利益的"民主"和"自由",这当然是不能允许的。比如,宪法规定了公民的基本权利和义务,这就要求每个公民,不仅要依法维护自己的权利,也要依法履行尊重他人权利的义务。权利和义务的一致性,这是我们宪法和法律的一项基本原则,也是我们今天通过法制教育,加强人民法律意识的一个核心问题。所以,我国1982年宪法第33条第2款明确规定:"任何公民享有宪法和法律规定的权利,同时必须履

① 《列宁全集》第43卷,人民出版社2017年版,第199—200页。

行宪法和法律规定的义务。"第51条又规定："中华人民共和国公民在行使自由和权利的时候,不得损害国家的、社会的、集体的利益和其他公民的合法的自由和权利。"这些规定,是过去几部宪法都没有的,是我们在总结了过去的经验教训之后,对新宪法内容的重大发展。

现在有人大肆宣扬西方的民主、自由如何不受限制。事实上,资本主义国家对公民权利的法律限制,历来是十分严格的。以美国为例,战后美国就通过了大量关于限制宪法规定的民主权利的法律。对于被看作一种基本人权的言论和出版自由,法律规定不得渎犯公共道德,不得兴暴作乱,不得伤害他人。即使是批评政府的官员,也必须以公共利益为前提,不得怀有恶意。又如集会自由,美国法律认为这是人身自由和言论自由的结合,在其普通刑法中就作出一系列限制性规定,法律不但对集会的时间、地点等具体问题都作出规定,而且如认为街头集会可能妨碍交通,还可将集会限制在室内或郊外举行。按照美国法律的解释,这种限制如果是为了"维持或增进公共方便,则不可被视为侵犯自由权"。可见,世界上并不存在什么绝对的、不受任何限制的自由和权利。只是各个国家由于阶级性质不同,其法律限制的出发点和目的也不相同就是了。

我们有些人往往把权利义务完全割裂和对立起来,只要求别人尊重他的法定权利,而不愿履行法定义务,一旦他们超越法律规定的行为受到限制,就认为是损害了他们的民主权利。其实,我们的法律是民主的集中体现,守法就是贯彻民主的原则,民主和守法是相一致的。马克思和恩格斯就明确提出实现权利和义务相一致作为无产阶级争取解放斗争的奋斗目标。早在1871年,马克思在拟定《国际工人协会共同章程》中就指出:"工人阶级的解放斗争不是要争取阶级特权和垄断权,而是要争取平等的权利和义务"。① 他还提出了"没有无义务的权利,也没有无权利的义务"②这一著名口号。可见,权利与义务、民主与法制、自由与纪律的统一,正是我们要坚持的无产阶级的民主原则。这种统一,既是社会主义法制的要求,也是社会主义道德的要求。只享受权利不履行义务,那是不符合社会

---

① 《马克思恩格斯选集》第2卷,人民出版社1995年版,第609页。
② 《马克思恩格斯文集》第2卷,人民出版社1995年版,第610页。

主义道德准则的,也是社会主义法律所不允许的。

应该承认,我们的民主制度还处在一个逐步发展的阶段,还不够完善。我国人民现在享有的民主权利,和我们正在建设的高度民主的目标还有距离。这是符合我国历史发展进程的实际的,也是完全可以理解的。因为,民主是一个过程。民主不是抽象的超阶级的东西,按照列宁所说的"民主是国家形式,是国家形态的一种"①。因而它的发展是同国家所处的历史条件相联系的,必然有一个由低级到高级、由不完善到逐步完善的过程。我们应该历史地、辩证地去看待我们社会主义民主的发展。事实上,从宪法、选举法的修改,我们也能清楚地看到我国民主制度不断发展和完善的情况。比如,1982 年宪法根据历史的经验和"文化大革命"的教训,对公民的人身权利就专列了四条,不仅增加了关于公民的人格尊严不受侵犯的条文,对关于公民的人身自由、宗教信仰自由、公民住宅不受侵犯以及通信自由和通信秘密受法律保护,等等,都比过去的宪法规定得更加切实和明确。这就从法律制度上保证了

①《列宁全集》第 31 卷,人民出版社 2017 年版,第 96 页。

公民权利的实现和初步扩大。随着经济体制和政治体制改革的深入,随着人民文化水平的提高和宪法意识、公民意识的加强,民主制度必然会进一步发展和完善。正因如此,我国宪法在序言中,明确地把建设高度文明、高度民主的社会主义国家作为我们的奋斗目标提出来。

今天,一个以宪法为核心的法制教育正在全国范围内广泛开展。这将使广大人民的法律意识得到发展和加强。这对于发展社会主义民主,巩固和发展安定团结的政治局面,确保我们国家长治久安,都将产生深远的影响。因此,我们人人都应该自觉地参加学习,提高知识,以实际行动维护社会主义法制的统一和尊严。

在"左"的错误思想指导下,也讲政治,以至于把政治提高到可以冲击一切的地步。那时不是强调法律要为政治服务吗?但是,按照"左"的一套理论,所谓"政治",指的只是阶级斗争,阶级斗争就是你死我活,而以阶级性作为质的唯一规定性的法律,其功能作用就只能是"阶级斗争的工具",去为你死我活的斗争服务。在这种"政治"要求下,法学研究当然也只能围绕阶级斗争这个"纲"来进行。法学研究的是非得失,一概以是否符合这个"纲"为标准。这种错误思想指导下的"政治",表面上是很革命的,而事实上,恰恰是丢掉了甚至是破坏了为经济建设服务这个最大的、最重要的政治。

党的十三大报告明确地提出社会主义初级阶段的理论,旗帜鲜明地指出,发展有计划的商品经济,发展社会生产力是我们的中心任务。这就为法制建设和法学研究从指导思想上进行最根本的拨乱反正提供强大的思想理论武器。但是,我们也应该清醒地看到,"左"的思想在我们这个国家有很深的历史渊源,"文化大革命"以后,我们在指导思想上进行拨乱反正,使人们摆脱长期束缚思想的"左"的精神枷锁也只有几年时间,特别是在法制战线和法学研究领域,受"左"的影响最深。过去在"左"的思想指导下的失败实践,我们虽然承认了,但导致失败实践的那套理论却还没有被彻底否定,甚至有些似是而非的理论至今仍然被一些人当作正确的理论在运用。因此,法学界要担负起历史赋予的重任,首先就有一个自我精神解放的问题。一个法学家如果精神上背着沉重的包袱,思想上受到陈腐的传统观念的束缚,他的科学研究的生机也就会停止。我们应该认识到,现代化绝不仅仅是个经济上的概念,而是包含对人的素质的高度要求,法学家自己振奋了,不断用新的理论和思想、观念来武装自己,才有可能使自己的研究工作适应时代的要求,从而在法制建设的现实中起促进作用。

我们今天所处的社会主义初级阶段,正面临着新旧体制交替的过程,一切经济、政治的变革,总是在一定的社会文化意识背景中进行的,特别是从产品经济向社会主义商品经济转轨,必然会在人们的思想观念上引起深刻的变化。法学研究要适应商品经济发展的客观现实,首先就要求法学家必须树立社会主义商品经济的法律观。用这样新的观点去审视、观察法的现象,探索在剥削阶级已经消灭,社会的主要矛盾已由阶级对立转变为人们日益增长的物质文化需要同落后的社会生产的矛盾,社会的主要任务已不是搞阶级斗争而是搞经济建设的形势下,法制建设和法学研究如何适应新情况和解决新问题。

社会主义初级阶段是逐步使商品经济高度发展的阶段,在这个阶段中,我们的根本任务就是发展生产力。确立生产力标准,既是社会主义初级阶段理论的重要支柱,也是我们在社会主义建设指导思想上最根本的拨乱反正。我们判断一切是非功过,都必须以是否有利生产力的发展为根本依据。这一观念的确立,对于法制建设和法学研究尤为重要。法律要对某种社会关系作出怎么样的调整,对某种社会现象和行为决定是支持还是反对,是保护还是打击,都离不开生产力这个标准,而法学研究更是应站在概括现实的高度,研究这些界限,为立法、执法部门提供理论指导。

当前,涉及罪与非罪的界限,就有许多问题值得我们根据生产力标准,认真地加以探索。比如,评价分配关系的是否合理、合法,就出现了两种观念的鲜明对立。"左"的思想离开生产力标准以抽象的"公平"作为社会主义分配原则,把反映小农意识的"不患寡而患不均"的"穷平均"当作理想模式来追求,结果是使能激发劳动者的创造精神和提高劳动生产率的诸如承包制等办法,常常被当作"资本主义尾巴"加以反对,因承包得到的利益,也常被当作非法收入而加以处置。还有,我们从商品经济发展的规律出发,允许一部分人通过诚实劳动和合法经营先富起来。但这部分人一旦先富起来之后,也往往受到非议,甚至有的人因此受到不应有的法律处理。所有这些,都涉及一个观念的转变问题,即我们是不是真正确立了以是否有利于生产力的发展作为考虑一切问题的根本出发点;以是否有利于生产力的发展作为判断是非得失、功过成败的根本标准。所以,我们只有对过去那一套"左"的实践,认真进行反思,才能实现观念上的转变,从而促进法学研究的发展。

社会主义法对社会主义经济是否具有先导性、导向性,这是目前法学界一个颇有争议而又有着深远意义的论题。现在,社会主义初级阶段理论的确立,就为我们解决这一争论提供了钥匙。

我们应该认识到,从历史的角度来看,不发达国家固然可以通过社会主义革命跨越资本主义发展阶段,但却无法跨越商品经济发展阶段。也就是说,社会主义发展形态是可以逾越的,而生产力的高度发展和生产的商品化,社会主义的过程不可逾越。基于这个前提,社会主义初级阶段作为不发达国家社会主义革命的特殊性,是我国一个不可避免的必经阶段。这种革命的特殊性反映出一个规律,即无产阶级必须先通过革命取得国家政权,然后运用手中的政权来改造旧经济,建立和发展社会主义经济基础,并在此基础上创建社会主义文化。其中就包括运用法制这一极其重要的手段。过去,人们习惯的看法是"法只注重对现存经济关系的调整",而事实上,无产阶级在革命后,利用手中掌握的政权,将其意志通过立法程序转化成作为国家意志的法律形式,它不仅体现了工人阶级和广大人民对现存社会关系调整的意向,更重要的是通过体现了工人阶级和广大人民在科学预测基础上对经济和政治所构建的一定发展时期的理想模式,以推动社会各项活动和各种关系按照选定的方向发展。这样做,不但和认识论的观点不相矛盾,而且恰恰是工人阶级运用历史唯物主义的原理,能动地反映客观现实。因此,法对经济的导向作用,是我们社会主义法制功能的题中应有之义,我们应该加以肯定,对它做理论上的探讨,以充分地发挥法律的这种作用。

恩格斯早就对那种把经济因素看作推动历史发展的唯一决定性因素的观点提出批评,他明确地指出,"对历史斗争的进程发生影响并且在许多情况下主要是决定着这一斗争的形式的,还有上层建筑的各种因素",其中就包括了"由胜利了的阶级在获胜以后确立的宪法等等"。① 历史的发展也充分证明了这一点。公元前356年的商鞅变法,实际上是统治阶级以法推动经济体制的变革。近代的美国新政、日本的明治维新,无不是先制定一系列法律以推动经济政治的改革。我们新中国成立初期,法制工作实际也往往脱离正确理论的指导。长期以来,"阶级斗争为纲"的影响,使法学研究实际上成了禁区,法学界联系实际难,往往绕过现实去做学究式的文章,回避法制建设现实的重大课题。近几年来,随着社会主义法制的健康发展,法学研究已出现了新中国成立以来最好的势头。但是,由于法学领域"左"的一套理论还没有从根本上拨乱反正,加之法学界自身也还有一些旧规积习没有得到破除,因此,深入实际,研究新情况、解决新问题的工作无疑是很不够的。而客观上,亟待我们去研究和解决的问题是很多的。比如,关于我们社会本身是否存在犯罪的根源问题,我们过去总是把犯罪归结为阶级斗争的反映,实行开放搞活的政策后,又常常归结于外来资产阶级腐朽思想的侵蚀。至于从我们社会本身的不完

① 《马克思恩格斯文集》第10卷,人民出版社2009年版,第591页。

善、不健全去探索是否存在可能产生犯罪的因素,则往往是避而不谈或语焉不详。现在,面对社会主义初级阶段的现实,我们根据社会主义初级阶段的理论,深入实际做一番实事求是的调查研究,我想是会得出比较合乎实际的结论的。科学研究总是要依靠理论思维,法学研究如果还是停留在法律解释的水平上,是不可能为法制建设的现实作出应有贡献的。

　　总之,我们法学界应该以社会主义初级阶段的理论统一思想,规范行动,去掉那些对社会主义的僵化理解和附加的认识,鼓起理论勇气,深入实际地研究问题,以期法学研究有一个新的起步。

(原载《情况与交流》1987 年第 1 期)

税法史上的一次重大改革

明代万历年间所推行的一条鞭法,堪称上继唐宋两税法、下启清代地丁制的一次由繁到简的重大税法改革。探讨这次税法改革的原因和实质,历史地评价其得失,至今仍有现实意义。

一、一条鞭法的产生

一条鞭法是明代杰出的政治家张居正创立和推行的。张居正作为中国封建社会进入"枯藤、老树、昏鸦"时期一位彪炳千秋的改革家,他在万历年间任内阁首辅时,决心挽狂澜于既倒,针对社会痼疾,雷厉风行地在政治、经济、军事等多领域,进行了一场十分艰巨的改革,被后人誉为"肩劳任怨,举废饬驰,弼成万历初年之治"。

明代初叶,随着君主集权制的强化,君权膨胀,而皇帝声色犬马,昏庸腐朽,使封建王朝在宦官佞臣"你方唱罢我登场"的政治角逐之下,政多纷更,法无统纪,形成上下姑息、百事因循、禁之不止、令之不行的混乱政局。在经济上，更由于"豪民有田不赋，贫民曲输为累，民穷逃亡，故额顿减"，朝廷财政濒临崩溃。面对这一江河日下的现状，还处于年轻时期的张居正，便激愤而尖锐地指出："非得磊落奇伟之士，大破常格，扫除廓清，不足以弭天下之大患。"及至隆庆之年，他出任内阁大学士，参预机务，便不顾守旧势力的反对，开始施行自己的改革主张。到了万历元年，他跃居内阁首辅后，总揽大权，则更是忘家殉国、义无反顾地锐意进行全面的改革。一条鞭法便是在这时候作为改革税法的根本措施提出来，并大刀阔斧地加以推行的。

二、一条鞭法的内容

根据《明史》等古籍的记载，一条鞭法的主要内容是：

> 总括一州县之赋役，量地计丁，丁粮毕输于官。一岁之役，官为金募。力差，则计其工食之费，量为增减；银差，则计其交纳之费，加以增耗。凡额办、派办、京库岁需与存留，供亿诸费，以及土方贡物，悉并为一，皆计亩征粮，折办于官，故谓之

一条鞭。①

可见一条鞭法的主要精神就是简化税制,使苛繁的封建赋役制度趋向简化和单一,便于国家的控制,防止官吏因缘为奸。

第一,把赋、役、加派、土贡方物各种征项合并归一,使之化繁为简,改变原来名目繁多、紊乱不堪的状况。

第二,实行部分的摊丁入亩。明代原规定各项差役按户丁编派,而农民往往丁多地少,实际上成为差役主要承担者。地主富豪占地多而负担却少,以致贫者益贫、富者益富。这种赋役制度显然不合理。一条鞭法则将各项差役,按户丁和田土两项加以编派,实行部分"役归于地,计亩征收",从而明显地增加按财产征税的比重,使徭役负担较前相对合理,这无疑是税法改革上的一大进步。

第三,实行一切徭役征银和部分田赋、土贡方物征银的办法。以银代物,不但促使赋役征收向单一化的方向发展,而且也符合商品经济发展的客观要求。

_____

① 《明史·食货二》。

此外,过去赋役的催收和解运,一向由民间的里甲助理,层层收送递转,多生弊端。现在则改为由地方政府统一办理,有利于简化手续。

上述改革的内容,统一编为一条,这就叫作一条鞭法。

三、一条鞭法的推行

值得一提的是,张居正对于这一重大的改革,虽然态度坚决,大刀阔斧,但在具体实施过程中,却是本着"法贵宜民"的原则,先后在南方、湖广等地区作了反复的试验和周密的考察,才在万历九年(1581 年),下令全国推行。

一开始,张居正便从最棘手的清丈土地入手。他鉴于当时国家财源锐减的关键在于"豪民有田不赋",地主富豪纷纷以各种手法隐占土地人口,逃避国家赋税,而官家又都"畏纵而不敢问",这是造成"私家日富,公室日贫,国匮民穷"的症结所在。因此,在万历六年(1578 年),下令清丈全国土地,包括勋戚庄田等所谓"官田"在内,概莫能外。当时,丈田之举,遭到极大的阻力,史书记载,"闻之丈量谕下,诸王孙遮道而噪,诸酋长抗疏而陈,诸军士荷戈而哄"①,改革与反改革的斗争达到高潮。但是,张居正不顾阻力,严申法治,"其挠法者,下诏切责"②,终于使清丈田地的工作能够进行下去。到万历九年(1581年),前后历时三年的土地清丈乃告完成,清查出大批隐田。据载,全国丈量出来的土地达七百万顷,比弘治时多出一倍,这便为推行一条鞭法、实行按亩计征奠定了基础。

四、一条鞭法的作用

一条鞭法作为封建税法的重大改革,出现在明代中叶后万历年间,这并不是偶然的。清代学者任源祥曾中肯地指出:"天下有不得不条编之势,张江陵不过因其势而行之。"③纵观历史,凡是有成效的重大社会改革的出现,都是社会矛盾长期发展的必然结果,一条鞭法推行,正是明代社会历史趋势的反映。张居正的功绩,就在于顺应历史,作出了符合社会发展要求的大胆决策。

---

① 《皇明经济文辑》卷三,《丈量策》。
② 《国榷》卷七十。
③ 《皇明经世文编》卷二十九,《问条编征收之法》。

明代中后期,尽管封建的自然经济仍然占主导地位,但是,随着长期以来商品经济的发展,封建经济结构内部已产生了资本主义萌芽,商品经济从工商业逐步渗透到农业领域,开始冲击原来自给自足的封建自然经济的樊篱。当时江南一带,不但"居民皆业圃种蔬,远近取给"①,而且奇技工巧者也四处谋生,丁壮农民还外出搞运输业,"屏耒耜而事负载"②。不少人甚至挟资出商,数年不归。这种不断发展的商品经济,在客观上必然使货币的作用和地位越来越重要,而同封建赋税制度以物纳征、以力服役形成日益明显的矛盾,作为封建国家财政收入的主要来源的赋税,就不能不适应这种经济发展的状况,把原来以物纳征、以力服役改为以银代物、以银代力。这一改革,一方面对劳动者来说,相对减少人身依附,有更多的时间和"自由",以从事副业生产,参加商品交换,增加收入;另一方面对统治者来说,不论是国家的庞大开支还是统治者奢欲生活的需要,无不随着商品流通的扩大,而越来越显示出以货币代替实物的迫切性。古书中所谓"太仓之

---

① 弘治《吴江志》卷二。
② 万历《常山县志》卷三。

粟,朝受而夕粜之,意在得钱耳"①,就是这种客观要求的真实描述。事实上,明代在张居正实行一条鞭法之前,有些地方已局部实行赋役折征银两,这可以说是一条鞭法的先声,张居正的改革,是从制度上体现了这种经济发展的客观要求。

当然,张居正作为总揽朝政的内阁首辅,他不顾阻力,锐意推行一条鞭法还有其更直接的政治原因,那就是为了缓和日益尖锐的阶级矛盾和解除迫在眉睫的财政危机。明代土地兼并十分严重,以官田为名的皇庄、官庄占据了大多数膏腴之田,有的皇亲国戚占据膏腴,跨连郡邑,多者达三四千顷,而所谓"民田",也是"田归富室",农民是"有田者什一,为人佃作者什九"。更为严重的是,广大无地、少地的农民,不但要交纳繁重的田租,而且要负担地主官僚们隐田逃税,以"飞过海"手法转嫁于他们的大量额外赋役,迫使他们或则"尽卖其田,以避其役",或则"亡弃家业,空里巷而出";有的"转死沟壑",有的"转为盗贼"。这种情况,既大大地激化阶级矛盾,又使政府"征粮地"不断减

---

① 《天下郡国利病书·苏松》。

少,赋役来源趋于枯竭,明代到正统以后,"征粮地"已从明初八百万顷减到四万顷,嘉靖末年,太仓存银已不足十万两,未及岁出的十分之一,以致"帑藏匮竭,司农百计生财……犹不能给"①。隆庆初期,国家财政入不敷出竟达近半。面对这种情况,张居正敏锐地感到"私家日富,公室日贫,国匮民穷,病实在此"②,因而下决心丈量全国土地,清查隐田逃税,并在这一基础上实行"摊丁入亩""役归于地"的税法改革,以均田赋,保证国家财政来源,在一定程度上缓和了由兼并造成的尖锐阶级矛盾。

五、历史地评价这一改革

对这一次封建税法史上的重大改革,长期以来人们的评价颇不一致。根据历史实际,把一条鞭法放在整个封建赋税制度的历史发展过程来考察,它的历史进步意义是不能抹杀的。

1. 从赋税制度的发展来看,它是我国封建税法史上的重要里程碑。考察各国赋税制度史,我们将发现,

① 《明史·食货二》。
② (明)张居正:《张太岳集》中,中国书店 2019 年版,第 128 页。

除繁趋简,使税制逐步向简化和单一发展,这是一个总的趋势和特点。就我国封建赋税制的发展来说,简化更是一种具有深刻历史意义的改革。中国封建赋税制度是建立在封建的自然经济基础之上的,其特点是既苛繁,又长期实行物征力役,这就大大地加重了农民对地主和土地的人身依附。税制愈繁,奸吏巧立名目进行加派也多,因而长期以来,农民一直以赋税为苛政之尤。一条鞭法的推行,虽然无法从根本上改变封建赋税剥削,但增加了以田计征、按财产编税的比重,使封建赋役从单纯对人税转向逐步增加对物税,这无疑是税制向相对合理的方向前进了一大步。

2. 在丈量土地基础上实行一条鞭法,较大程度地减少了富豪转嫁给农民的额外赋税负担,正如万历《沧州志》所说:"清丈之后,国有定取,赋有定额,有粮无粮之民到以晓知矣。"这样就有利于农民的生产,而且由于以银差代替物征力役,促进商品交换,客观上符合明中叶后资本主义萌芽的发展需要,根据《明史·张居正传》,实施一条鞭法数年之后,"太仓粟充盈,可支十年","太仆金亦积四百余万"。这种财政情况的好转也说明税法改革后社会生产的发展。

当然,张居正的一条鞭法,也同封建社会的任何法律一样,都不可避免地存在"法律"与实际的矛盾。有些地方执行得比较彻底,有些地方则有奸伪涂饰,因而实施的效果是不能一概而论的。张居正作为地主阶级的政治家,他是感"圣主之深知,矢竭愚忠",其锐意改革的动机,也正如他所自述的那样,是要以"寸石补天",即要以改革来"补救"那夕阳西下的封建社会的"天"。然而处于衰落阶段的封建社会,已是无药可救、无计可补的了。张居正的改革,即使能缓和矛盾于一时,也无法倒转历史的车轮,这就无怪乎他临终时深深慨叹:"寸石何望于补天!"①万历十年,张居正病故,神宗竟在保守派的围攻下,尽夺其爵谥,榜其罪于天下。这实质上是封建制度日益没落的历史趋势的反映,张居正不过是以其身后劫难来印证历史的必然。

封建社会是一去不复返了,但是,像张居正这样一位卓有见识的地主阶级政治改革家,在封建后期所实行的这一重大的税法改革,却从多方面给后人以启迪:

---

① 参见(明)张居正:《张文忠公全集》上,商务印书馆 1935 年版,第 163 页。

它说明改革是历史的必然,而法律则是实现社会改革的重要杠杆。

(原载《政治与法律》1985 年第 5 期)

把廉政建设纳入法制的轨道

社会主义商品经济和民主政治深入发展的大趋势,已把我国推上法治社会的历史走向,这是不以人们意志为转移的社会发展现实的内在要求。而法治社会的基本标志,就是把经济、政治和社会生活的主要方面纳入法制的轨道,依靠法律进行调控和治理。因此,把作为民主政治的一个重要方面的廉政建设纳入法制的轨道,既是法治社会的客观要求,也是社会发展的历史必然。但是,揭示廉政建设制度化、法律化的体系结构,则是一个亟待深入研究的课题。由于历史的原因,我们在这方面还有不少知之不多甚至是未知的领域,需要从理论和实践两方面进行艰苦的探索。

一

社会主义法制导源于社会主义实践,它总是以社会现实的挑战作为自己发展的契机。当我们对十年改革进行历史的反思时,我们深切地感到,把廉政建设纳入法制的轨道,这已是摆在我们面前刻不容缓的任务。

社会主义有计划的商品经济的发展,对法律的需求不论在量的方面还是在质的方面,都大大地超过自然经济和产品经济,客观上提出更为广泛和复杂的权利义务关系。在商品经济的价值规律和平等交换原则决定下的主体之间的权利义务关系,必然是对等的权利义务关系。而这种对等的权利义务关系准则的维护,无不与国家权力执行机关的工作直接有关。因此,人们从保障社会主体的合法权益出发,客观上对反对贪污腐败、建设廉洁政府的法律要求就日益迫切。毋庸讳言,在新旧体制转换中,由无序到有序是一个相当长的过程,国家宏观控制和调节的机制一时还不健全,一些不合新体制需要的管理方法连同形形色色的资产阶级思想,纷纷乘机寻找自己的"载体"而保存下来,对新旧体制的转换产生种种干扰和破坏作用。利用商品流通领域中制度不健全和存在的弊端而兴起的"官倒"现象,就是一个明显的例子。"官倒"所"倒"的无非是一些掌权在手中的商品分配权,其结果是直接破坏了商品流通中主体之间的对等的权利义务关系,使社会分配极不合理地朝着以权谋私者的一方严重倾斜,从而激起了举国上下的公愤。历史的无情的事实说明,权力没有严密的制衡和严格的监督,就会"异化"。本来体现人民整体意志和利益的权力,"异化"为贪腐者图谋私利的权力。有人把"官倒"的出现,说成是由于发展商品经济要搞"活"而造成的"乱"。其实这是张冠李戴。我们要搞的"活"是指符合社会主义商品经济发展规律内在要求的生机活力,这种"活"同破坏商品经济的"乱"并无内在的必然联系。只是因为缺乏严格的法律监督和制衡,"活"才会被利用来做"乱"。从这个意义上讲,把廉政建设纳入法制轨道具有必要性和迫切性。

我们还应该看到,把廉政建设纳入法制的轨道,这是民主政治发展的必然趋势,现在要转变党风、政风,树立干部的良好形象,人们至为关切的是个廉政问题。廉政要公开化,就必须实现廉政的制度化、法律化,使人们了解,便于监督。因此,廉政一旦纳入法制的轨道,有关廉政的法律措施其实就是把人民的整体意志物化为权力制衡和监督的实际力量,其本身对反贪倡廉起了重要的社会动员作用和强大的催化效应。历史已经证明:权力不加制约和监督,就会导致滥用和专断,制约和监督不制度化、法律化,就会流于形式,没有实效。纵观国外一些国家,尽管社会制度不同,但他们对国家公务员的依法行政、廉洁从政,都作了严格的法律规定,如美国有《从政道德法》,英国有《荣誉法典》《防止腐化法》,德国有《联邦公务员法》,法国还在各部、委建立了惩戒委员会。这些律之以严、求之以廉的法律规定,对我们无疑是有借鉴意义的。

把廉政建设纳入法制的轨道,就认识上讲,还涉及人与制度的关系问题。历史唯物主义的观点认为,人与制度相比,制度更为重要。制度健全,好人会进一步成长,坏人会受到制约,有的还可以变好。反之,制度不健全,不但坏人肆虐,好人也可能变坏。我们提倡廉政,反对腐败,并不是自今日始,早在革命战争时期建设人民民主政权的时候就提出了。新中国成立以来,我们也一直是提倡廉政的。但是,问题在于紧一阵,松一阵,抓抓放放,带有浓厚的人治色彩,没有从制度上、法律上健全廉政的措施。加上在不断搞群众运动的基础上强化集权制,使权力的滥用的专断日益严重,以权谋私乃至贪赃枉法就禁而不止、堵而不绝。这是十分深刻的历史教训。

二

　　廉政建设的制度化、法律化，是一个多层次的体系结构，有极丰富的内容。就其实质来说，在于通过廉政的法律规定，监督国家机关和国家干部依法行政，保障国家权力运行的合法性。这里面涉及惩贪、考核、监督、选任以及有关程序、机构等多方面的内容。当然，廉政法律措施因时代、国家的不同而各具特色，但凡励精图治的统治者，都十分重视建立比较健全的法制以推动廉政的实施，即使像我国古代的封建王朝，历代帝王从确立君主专制秩序的需要出发，也都把以法治吏作为首要的政纲来考虑，整肃吏治的法律规定相当严密，从重刑惩贪到任选以廉、监督以廉、考核以廉，都有一套制度。这些都是值得我们深入研究的。我们今天要把廉政建设纳入法制的轨道，无疑应该从现实的情况出发，在总结已有经验教训的基础上，逐步发展和不断完备。

　　廉政法制的逻辑前提是反对贪污腐败，因此惩贪历来是廉政法律规定的重要内容，古今中外莫不如此。一个国家采取什么样的惩贪措施，这是有其深刻的社会根源的。比如,我国古代历来是重刑惩贪,被称为封建法典之楷模的唐律就规定监临官受贿布十五匹而枉法者,要处绞刑。采取这种重刑惩贪的措施,是由于封建社会阶级矛盾十分尖锐,而贪官污吏的横征暴敛往往成为农民起义爆发的催化剂,统治者为封建统治的长治久安便以重典治吏。我们惩贪措施当然应该从国情出发,考虑实效。在这方面特别值得注意的是法律规定的可操作性。我们有些廉政法规往往失之笼统,缺乏明确的标准、条件和程序,随意性很大,比如条文上写"不得"怎样,"禁止"怎样,但"禁"而不"止"又如何却无明文规定了。许多案子查来查去,水不落石不出,或查有实据罚无明文,只好不了了之,这些都和法律规定得不明确,缺乏可操作性有关。

惩贪固然是廉政的重要内容,但并不是廉政的根本目的。作为社会主义国家的公务人员,为政清廉,克己奉公,本属分内之义。我们建设廉政,更重要的是着眼于激发干部励精图治、勤奋向上的精神,不断提高思想素质和办事能力,从而加强国家机关整体的工作效能。因此,讲廉政必须同时抓勤政。事实上,勤政是廉政的基础,一个松松垮垮、不负责任、无所用心的工作班子,是绝不可能成为廉政的班子的。惩贪是涉及罪与非罪的问题,勤政则涉及办事效率高低、有无官僚主义作风等问题。后者关系行政体制、干部素质、工作考核等多方面,实际上比肃贪惩贪更为复杂。从民主政治的要求来看,勤政是公民发挥其主体价值判断能力,以选贤任能的重要依据,无疑应该是廉政建设的重要内容。

抓勤政,核心是建立严格的考绩制度。我国古代督察官吏的勤惰有一套相当完备的法律规定和专门机构,这对选拔人才、黜革庸吏贪官起了重要作用。明初所定为官《责任条例》,就明确要求布政使严察官吏时,"辩其廉能"。唐朝对流内官行"四善二十七最考课法",对流外之官行"四等第考课法",四等第之首就是"清谨勤公",宋代也是以"公勤廉干"为《州县三课》之首。可见,当时的吏治是既察廉又考勤,廉与勤并重。而这种考课制度的特点在于责任明确,要求具体,规定详备,做到受事有程式,办事有依据,下级工作有准绳,上级检查有尺度,使定性考核与定量考核结合起来。如唐代考核流外官员,一方面以"四善"标准考核其对朝廷是否忠诚、效力,这是定性考核;另一方面又对其所管辖区域的户口、垦田、钱粮出入、盗贼多少等情况进行定量考核，以衡量其实际办事能力。这种制度有其合理因素，对我们是有启发的。

把廉政建设纳入法制轨道，既要重视制度、法规的详备，更要注意法的实际运行。实施廉政的主体是人，因此选任官员，历来被看作廉政建设的重要环节。我国古代的廉政措施，都有任选以廉的具体规定。为了确保荐贤选廉的标准，唐代法律还明确规定荐举者的责任，贡举非人，"一人徒一年，二人加一等，罪止徒三年"①。"法之不行，自上犯之"，建设廉政的法律规定能否真正贯彻实行，关键在于领导干部，这对居于执政党地位的党员领导干部尤为重要。我们看到，我国古代关于廉政的制度化、法律化经历漫长的发展过程，产生了像《唐六典》这样集封建行政法之大成的典籍。但是，在这一发展过程中，却存在两种截然相反的趋势：一方面是廉政制度的内容日益详备；另一方面是廉政制度的实际效能却日趋减退。即使像盛唐具有一套相当完备的督察为官奸非的监察制度，也仍然无法坚

① 《唐律疏议》卷九，"贡举非其人"条。

持励精图治于始终。这个中的原因，很重要的一点就是统治者不能以身作则、身体力行，导致法律规定几成具文。明代神宗万历年代出任首辅、主持军国大政的张居正就是一个明显的例子。他在任内一再提倡廉政，严惩贪污受贿，连万历皇帝的外祖父李伟受贿，也不予宽贷，真可谓在廉政问题上信赏必罚，雷厉风行。但后来由于他有封建特权思想，自己不能克己奉公，律己以严，花了巨额国库资财建造私宅，出门骄奢浪费，等等，终于使其提倡的廉政成为泡影。这些历史的教训，至今仍然值得我们反思。

当然，对廉政建设的法律思考，除了廉政法律本身的体系结构外，还应该联系社会主义法制总体的纵横关系。比如，商法的制定，对防止商品流通领域中的贪污腐败现象有重要意义；行政法规的健全，对以法制权，限制行政权力的滥用，也是至关重要的。从法制体系的整体效能来看，这些都同把廉政建设纳入法制轨道密切相关。现在，党中央和国务院把廉政提到国家民主政治建设的重要日程上来，廉政建设已有了新的起步，促使廉政的制度化、法律化，已具备一定的条件，当务之急是如何集思广益、借鉴古今中外，把意见反馈于立法,使廉政真正摆脱传统的人治的影响而开始走向法治。

（原载《法学》1990 年第 1 期）